Hartmut Schäffer

Mediation

Die Grundlagen

Erfolgreiche Vermittlung zwischen Konfliktparteien

Stephans-Buchhandlung Matthias Mittelstädt KG Würzburg

ISBN 978-3-929734-40-9

3. überarbeitete Auflage 2014

Printed in Germany
Satz und Layout: Hartmut Schäffer
Graphik: Karin Baetz, Hartmut Schäffer
Druck: Hubert&Co, Göttingen

Verlag: Stephans-Buchhandlung
Matthias Mittelstädt KG, Würzburg

Email: hschaeffer@neueoptionen.de

Inhalt

Zu diesem Buch ist eine ergänzende LehrDVD erhältlich, auf die in einzelnen Kapiteln Bezug genommen wird. Wenn Sie die DVD nicht zusammen mit diesem Buch erworben haben, können Sie sie über www.neueoptionen.de bestellen.

Inhalt DVD:

A Mediation Lauber/Solenz

1 Vorgespräch
2 Einleitung Mediation
3 Konfliktdarstellung
4 Konflikterhellung/-vertiefung
5 Lösungsphase
6 Vereinbarungen

B Methodenkoffer

7 Umformulieren
8 Stuhltausch
9 Selbst-/Fremdbild
10 Doppeln
11 Einzelgespräche
12 Sternanalyse
13 Ja, aber – Ja, wenn...

DVD 12

Hinweis:
Zahl = Kapitel auf DVD

Was dieses Buch soll und was nicht

Einleitung

Die schlechte Nachricht zuerst: Dieses Buch ersetzt keine Mediationsausbildung. Mediieren lässt sich aus Büchern nicht lernen. Ein Lehrbuch vermittelt Wissen, eine Mediationsausbildung verläuft immer mehrdimensional. Das erworbene Wissen soll erprobt und eingeübt werden. Die Werkzeuge im Methodenkoffer werden nicht nur erklärt, die SeminarteilnehmerInnen lernen damit umzugehen. In Rollenspielen schlüpfen sie in die Haut von MediatorInnen, aber auch von Konfliktparteien. Sie spüren am eigenen Leib, ob die Mediatorin oder der Mediator eine zugewandte und gleichzeitig neutrale Haltung einnehmen kann. Sie agieren und reagieren fast wie im wirklichen Leben. Und das Wichtigste: Sie machen Fehler. Im geschützten Raum der Ausbildung muss und darf dies sein. Es ist der schnellste und einprägsamste Weg zum professionellen Handeln. In der Ausbildung ist ferner Zeit eingeplant für angeleitete Selbstreflexion. Nur wenn ich mein eigenes Verhalten im Konflikt besser verstehe, kann ich andere in ihrer Konfliktlösung unterstützen. Und schließlich: eine Ausbildungsgruppe entwickelt ihre eigene Dynamik. Die TeilnehmerInnen sind ständig herausgefordert, auf andere zu reagieren. Seminargruppen produzieren ihre eigenen Konflikte. So verändert sich im Laufe der Zeit die Grundhaltung der TeilnehmerInnen zum Konflikt. Viele sagen am Ende einer Ausbildung: Ich habe nicht nur vermitteln gelernt, sondern bin in meinem eigenen Konfliktverhalten sicherer geworden. Das alles lässt sich durch ein Buch schwer vermitteln.

Und nun die gute Nachricht: Alles, was man an grundlegendem Wissen für die Vermittlung in Konflikten braucht, finden Sie in diesem Buch. Dieses Wissen ist didaktisch aufbereitet. Die Kapitel bauen weitgehend aufeinander auf. Querverweise erleichtern den Zugriff auf ergänzende oder vertiefende Informationen. Viele Graphiken und Checklisten leisten Verstehens- und Erinnerungshilfen.

Ich habe das Buch in erster Linie für MediationsausbilderInnen geschrieben. Das heißt: Eigentlich habe ich das Buch für mich geschrieben. Es soll mir helfen, in meiner Trainertätigkeit die Theorieanteile zu verkürzen, um mehr Zeit für Praxis und Übungsanteile zu gewinnen. Es soll meinen TeilnehmerInnen helfen, die Seminarinhalte zu wiederholen und zu vertiefen. Es soll aber auch eine praxiserprobte Einführung für Menschen sein, die wissen wollen, wie und warum Mediation funktioniert. Es werden also Grundlagen vermittelt und kein Vorwissen vorausgesetzt.

Dieses Buch möchte eine praxiserprobte Einführung für Menschen sein, die wissen wollen, wie und warum Mediation funktioniert.

Vermittlung von Grundlagen: Das heißt natürlich auch, dass das Buch unvollständig ist. Manches Thema (z. B. Konflikttheorie) bedarf der Vertiefung. Andere Themen (z. B. Mobbing oder Täter-Opfer-Ausgleich) fehlen ganz. Die Mediation fächert sich auf in so unterschiedliche Bereiche wie Schulmediation, Wirtschaftsmediation, interkulturelle Mediation, Familienmediation, Umweltmediation usw. Sie alle haben ihre Besonderheiten und fordern neben dem Grundwissen fundierte Fachkenntnisse und Feldkompetenz. Hier verweise ich auf entsprechende Fachliteratur, die im Literaturverzeichnis auszugsweise aufgeführt ist.

Weil dieses Buch keinen wissenschaftlichen, sondern einen handlungsorientierten Ansatz hat, habe ich bewusst auf Fußnoten, Anmerkungen und weitgehend auch auf Zitate verzichtet. Das Wichtigste in der Mediation ist längst Allgemeingut. Seine wesentlichen Herkunftsquellen werden im Literaturverzeichnis benannt. Nur dort, wo ich die Methoden oder andere Inhalte individuell zuordnen konnte, finden Sie sie mit Quellenangaben. Sollte ich dabei geistiges Eigentum nicht genügend kenntlich gemacht haben, bitte ich um Nachsicht und um entsprechende Hinweise der Autoren.

Mancher liest ein Buch nicht von vorne bis hinten, sondern blättert gerne ein wenig darin herum. Für diese mir wesensverwandten Zeitgenossen habe ich die Kapitel so angelegt, dass sie in sich weitgehend verständlich sind. Das führt zu gelegentlichen Wiederholungen einzelner Gedanken, was aber hoffentlich nicht zu penetrant wirkt. Im Übrigen dient Wiederholung ja auch der Einprägung.

Parallel mit diesem Buch erscheint eine MediationslehrDVD. Sie enthält eine komplette 90minütige Demonstrationsmediation sowie eine Reihe von Kommunikationsbeispielen. Die einzelnen Mediationsphasen und -methoden sind gezielt anwählbar. Manches Beispiel in diesem Buch wurde der DemoDVD entlehnt und auch einige Abbildungen finden sich hier wieder. An geeigneten Stellen wird auf das entsprechende Kapitel auf der DVD verwiesen. Wenn Sie die DVD nicht zusammen mit diesem Buch erworben haben, können Sie sie über www.*neueoptionen.de* bestellen.

Von den vielen, denen ich für das Zustandekommen dieses Buches danken müsste, nenne ich stellvertretend:

- Tilman Metzger und Judy Rubinstein, die mich ausgebildet und bei meinen ersten Mediationsschritten wunderbar ermutigt haben
- Dr. Doris Früh, Leni Schüttel und Gudrun Tschechne, Co-Mediationsausbilderinnen, von deren Erfahrungen und Fachkenntisse ich sehr profitiere
- meine Frau Paula und meinen guten Freund Hans Maier, die das Manuskript z. T. mehrmals durchgesehen und mir wertvolle Anregungen gegeben haben
- die TeilnehmerInnnen meiner Seminare, deren engagierte Beiträge,

Rückmeldungen und Fragen vieles in diesem Buch geformt haben, und nicht zuletzt

- die MediantInnen, deren eigene Konfliktlösungsressourcen mich immer wieder in Erstaunen versetzen und mir immer mehr Mut zur Mediationstätigkeit gegeben haben.

Um der Lesbarkeit willen habe ich die gender-korrekte Anrede nicht konsequent durchgehalten. Ich hoffe, dass die Leserinnen, Mediatorinnen und Mediantinnen merken, dass sie immer mit angesprochen sind und meine hohe Wertschätzung haben.

Für jeden Hinweis zur Verbesserung/Ergänzung dieses Buches bin ich dankbar. Sie erreichen mich am schnellsten und direktesten unter hschaeffer@neueoptionen.de.

Zur dritten Auflage

Schneller als erwartet wurde eine dritte Auflage dieses Lehrbuches notwendig. Über die kontinuierlich positive Aufnahme freue ich mich sehr. Mehr als ein Dutzend Ausbildungsinstitute setzen das Buch inzwischen ein, darunter Universitäten und Fachhochschulen.

In der dritten Auflage wurden neue Entwicklungen in der Rezeption der Mediation in Deutschland berücksichtigt, vor allem die Verabschiedung des Mediationsgesetzes 2012. Ferner wurden wieder die Adressen der Verbände auf den neusten Stand gebracht sowie die Literaturliste aktualisiert.

Zur Schreibweise Mediant oder Mediand:
Der Unterschied ist mehr als eine Rechtschreibfrage. Es handelt sich um zwei verschiedene Arten der Wortbildung. Aus dem lat. Partizip „mediantis“ abgeleitet, bezeichnet es jemanden, der aktiv an einer Mediation beteiligt ist. Aus dem lat. Gerundivum „mediandus“ abgeleitet, bezeichnet es jemanden, der mediiert wird. Beide Schreibweisen sind in Deutschland gebräuchlich. Ich habe mich für „Mediant / Mediantin“ entschieden, um die aktive Teilnahme der Streitparteien herauszustellen.

Schön und teuer: Das Porträt der Mutter

Ein Beispiel zum Einstieg

Erika und Peter, zwei Geschwister, haben als letzten Elternteil ihre Mutter verloren. Über den Nachlass gibt es grundsätzliche Einigung. Ausnahme: ein Porträt der Mutter. Es zeigt die Mutter in jungen Jahren und wurde von einem inzwischen recht bekannten Künstler gemalt. Fachleute schätzen das Bild auf 10.000 Euro. Jedes der beiden Geschwister möchte das Bild haben. Wie sollen sie mit dieser Situation umgehen?

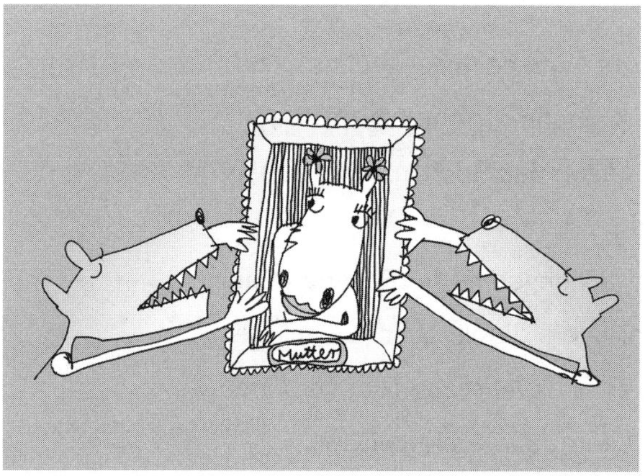

Option 1: Am schönsten wäre es, wenn sich die Geschwister direkt und friedlich einigen könnten. Immerhin ist es ihnen ja mit dem restlichen Nachlass gelungen. Aber gerade Erbschaftsstreitigkeiten sind auch bei an sich friedliebenden Erben nicht selten. Der Grund: Durch den Tod des Elternteils verändert sich die Familienkonstellation noch einmal grundlegend. Vielleicht ist Peter an dem Bild gar nicht so viel gelegen. Aber er denkt: *Meine Schwester war immer Mamas Liebling. Dagegen kam ich nicht an. Aber jetzt werde ich ihr zeigen, dass ich auch ernst zu nehmen bin.* Solche Einstellungen sind den Kontrahenten oft noch nicht einmal bewusst. Aber unterschwellig beeinflussen sie das Streitverhalten. Manchmal wundern sich Konfliktparteien selber, warum ihnen scheinbar unwichtige Dinge im Laufe

der Auseinandersetzung immer wichtiger werden. So könnte es sein, dass Erika und Peter auch als erwachsene, reife Menschen unfähig sind, diesen Konflikt alleine zu lösen.

Option 2: Aus einem Streitpunkt wird ein ausgewachsener Streit, aus dem Streit ein Krieg. Immer unversöhnlicher stehen sich die Geschwister gegenüber. Längst werden auch die bereits abgeschlossenen Nachlassvereinbarungen in Frage gestellt. Die Ehepartner und Angehörigen sind in den Streit hineingezogen und haben sich positioniert. Schließlich entscheidet sich Peter dafür, seinen Anspruch einzuklagen. Er zieht vor Gericht (zum Thema Konflikteskalation vgl. S. 163).

Mit dieser Option bekommt der Streit einen entscheidend anderen Charakter. Die wichtigste, für viele Kontrahenten erst langsam offenbar werdende Veränderung: Peter hat die Verantwortung für den Konflikt aus der Hand gegeben und dem Gericht übertragen. Nun kann er nicht mehr selber entscheiden. Rechtsanwälte und Richter sind eingeschaltet. Gerichte entscheiden nach Gesetzen, Normen und Vorschriften. Ihr Urteil muss verallgemeinerbar sein, das schließt individuelle, originelle Lösungen aus. Bedürfnisse und Gefühle spielen eine untergeordnete Rolle. Vielleicht steht am Ende die Konsequenz, die sich Peter erhofft: Er wird gewinnen, Erika verlieren – oder vielleicht doch nicht? Was, wenn Erika doch die besseren Argumente (oder den besseren Anwalt) hat? Der Streitwert ist ja auch nicht ganz unerheblich: Da sind also Gerichtskosten, Anwaltskosten...

Option 3: Vielleicht sind Peter und Erika doch nicht auf der Eskalationsschiene. Dann könnten Sie den Konflikt auch so lösen, dass sie einen Schiedsrichter einschalten. Den gibt es nicht nur im Fußball. Es gibt Schiedsämter, Ombudsmänner, Gütestellen und seit einigen Jahren in den Bundesländern sogenannte „Obligatorische Schiedsstellen“ (vgl. Pressenotiz auf der nächsten Seite). Schiedsstellen sind in der Regel wesentlich kostengünstiger als Gerichtsverfahren. Die Geschwister könnten natürlich auch

In Deutschland dominiert bei Rechtsstreitigkeiten der Prozess vor Gericht. Der Bürger begehrt sein Recht und beschäftigt so eine Vielzahl von Richtern, staatlich Bediensteten und Rechtsanwälten. Im angloamerikanischen Rechtskreis ist man wegen hoher Kosten und langer Verfahrensdauer schon lange auf der Suche nach Alternativen. Das Schlagwort heißt Alternative Dispute Resolution. Auch der deutsche Gesetzgeber hat inzwischen reagiert. Er hat mit der Einführung von § 15 a EGZPO einen ersten vorsichtigen Schritt gewagt, um außergerichtliche Einigungsversuche zu ermöglichen.

Diese Vorschrift, vom Deutschen Bundestag einstimmig beschlossen, trat zum 01.01.2000 in Kraft. Sie enthält eine Ermächtigung, per Landesgesetz zu regeln, dass bestimmte Streitigkeiten erst dann vor ein ordentliches Zivilgericht gebracht werden dürfen, wenn zuvor bei einer Gütestelle versucht worden ist, die Streitigkeit einvernehmlich beizulegen. Vorher ist die Erhebung einer Klage unzulässig. Wenn die Klage dennoch erhoben wird, muss ihr eine Bescheinigung der Gütestelle über einen erfolglosen Einigungsversuch beigefügt werden.

Zwingend vorgeschrieben ist die Güteverhandlung bei Nachbarschaftsstreitigkeiten und Streitigkeiten wegen Verletzung der persönlichen Ehre. Freiwillig können die Gütestellen auch in allen anderen Rechtsstreitigkeiten angerufen werden.

Von der bundesgesetzlichen Öffnungsklausel haben bislang Baden-Württemberg, Bayern, Brandenburg, Hessen, Nordrhein-Westfalen, das Saarland, Sachsen-Anhalt und Schleswig-Holstein Gebrauch gemacht.

einen guten Freund bitten, den Streit für sie zu entscheiden. Das würde sie vermutlich kaum mehr als eine gute Flasche Wein als Dankeschön kosten. Vielleicht könnten sie verabreden, dass jeder 5 Minuten Zeit hat, seine Ansprüche zu begründen. Der Freund würde sich dann entscheiden und sie würden den Schiedspruch akzeptieren.

In jedem Fall hätte die Entscheidung, eine Schiedsstelle einzuschalten, ebenfalls gravierende Konsequenzen für den Streitfall und seinen Ausgang. Wie bei Gericht geben Peter und Erika ihre Sache aus der Hand. Nicht sie, sondern eine dritte Instanz entscheidet über den Verbleib des Porträts der Mutter. Immerhin bleibt den beiden ein Minimalkonsens: nämlich das Vertrauen in die Konfliktlösungsfähigkeit des Schlichters. Sie können ferner darauf hoffen, dass auf ihre Gefühle und Interessen stärker eingegangen wird als bei Gericht (nicht umsonst ist Justitia blind...). Beim verbindlichen Schiedsspruch bleibt es aber in der Regel bei einem entscheidenden Umstand: Es wird einen Gewinner geben und einen Verlierer. Das Ergebnis bleibt für eine Partei unbefriedigend. Im Rollenspiel sagte ein Teilnehmer einmal: *Ich habe ein Bild gewonnen, aber eine Schwester verloren.*

Option 4: Vielleicht haben Erika und Peter schon einmal von der Möglichkeit gehört, Konflikte durch Mediation zu lösen. Der Hauptunterschied zum Schiedsspruch liegt darin, dass Mediatioren den Parteien die Entscheidungen überlassen. Sie vertrauen auf die Konfliktlösungsfähigkeit der Parteien. Sie helfen den Parteien, ihre Interessen und Bedürfnisse zu formulieren und einander verständlich zu machen. Sie helfen den Parteien, Lösungen zu erarbeiten, bei denen es keine Verlierer oder Besiegte gibt. Sie helfen den Parteien, maßgeschneiderte, faire und dauerhafte Vereinbarungen zu treffen. Beide Seiten sollen zufrieden sein.

Der Anspruch der Mediation mutet zunächst wie die Quadratur des Kreises an. Schließlich gibt es nur ein Bild, das kann man ja nicht auseinanderschneiden! Es gibt auch keine Patentlösung. Es gibt keine Paragraphen, die die Richtung weisen. Jeder Fall liegt anders. Die Lösung des Rätsels liegt darin, zu den wirklichen Bedürfnissen von Erika und Peter vorzustoßen. Beide möchten das Bild besitzen. Das jedoch sind Positionen, keine Bedürfnisse. Die Frage ist doch: WARUM möchten sie jeweils das Bild? Welche Interessen liegen ihren Wünschen zugrunde?

Nehmen wir einmal an, Erika hatte ein wirklich inniges Verhältnis zu ihrer Mutter. Sie war das Lieblingskind. Das Bild hat sie schon als kleines Kind bewundert, geliebt. Für sie ist mit dem Bild noch ein Zipfelchen der Mutter anwesend. Der Gedanke, das Bild zu verkaufen, ist ihr unerträglich. Lieber würde sie es in diesem Fall Peter lassen. Aber weil das Bild für sie einen so hohen emotionalen Wert besitzt, kann sie sich nichts Schöneres vorstellen, als das Bild im eigenen Wohnzimmer hängen zu sehen. Und das fast zu jedem Preis.

Peter hatte, wie schon festgestellt, ein distanzierteres Verhältnis zur Mutter. Auch wenn es so nicht stimmte: Er war der Meinung, gegenüber seiner Schwester immer den Kürzeren zu ziehen. So sehr er sich auch anstrengte, seine Mutter schien Erika immer vorzuziehen. Warum dann sein Interesse an dem Bild? Vordergründig ist es der materielle Wert von immerhin geschätzten 10.000 Euro. Das zuzugeben fällt Peter nicht leicht, es erscheint ihm pietätlos, fast unmoralisch. Schwerer wiegt seine „offene Rechnung“ mit seiner Mutter und Schwester. Konnte er schon die Zuneigung seiner Mutter nicht im gewünschten Maße bekommen, so besteht er jetzt auf ihrem Bild. Je mehr Erika es fordert, desto mehr verstärkt sich seine Haltung: *Immer musste ich nachgeben. Hier ist meine letzte Chance, EINMAL gegen Mutter und Erika zu gewinnen.* Natürlich ist sich Peter dieser Bedürfnislage kaum bewusst. Er hat zu Erika gar kein schlechtes Verhältnis. Er ist vermutlich selber erstaunt, wie kompromisslos er für das Porträt kämpft.

Wir sehen: Zwei Geschwister wollen das schöne, wertvolle Porträt. Beide argumentieren mit dem Andenken an die Mutter. Während es jedoch für Erika um ein Herzensandenken geht, kämpft Peter immer noch um die Liebe der Mutter und damit um die Gleichberechtigung in der gegenseitigen Wertschätzung der Geschwister. Die POSITIONEN der Geschwister sind unvereinbar, beide fordern das Bild. Ihre BEDÜRFNISSE und INTERESSEN sind jedoch sehr unterschiedlich. Und genau hier setzt die Mediation ein.

Mediation ist keine Therapie, das sei vorweg gesagt. Trotzdem spielen Gefühle, Bedürfnisse und persönliche Hintergründe der Konfliktparteien keine geringe Rolle. Will man zufriedenstellende Lösungen, so muss man die Konfliktparteien dazu bringen, sich ein wenig ins Herz schauen zu lassen. Dafür einen vertrauensvollen Rahmen zu schaffen, gehört zu den Herausforderungen in der Mediation (zur Abgrenzung der Mediation von der Therapie vgl. S. 152).

Wie haben sich Erika und Peter geeinigt? Wir lassen sie einfach selber berichten.

ERIKA:
Ich bin ohne viel Hoffnung in die Mediation gegangen. Peter wollte unbedingt das Porträt, und ich verstand einfach nicht, warum er an diesem Punkt so stur war. Wir haben kein schlechtes Verhältnis und er wusste doch, wie sehr ich an diesem Bild

hing. Ich spürte, dass er mir etwas auswischen wollte. Aber warum?
In der Mediation kam dann heraus, dass Peter darunter litt, dass ich bei der Mutter immer besser weggekommen war als er. Wir verstanden plötzlich beide, dass wir eigentlich nicht um das Bild kämpften, sondern wie schon als Kinder um die Zuwendung der Mutter. Das hat mich sehr bewegt, denn ich hatte Peters Bedürfnis nach Anerkennung zwar immer latent gespürt, aber nie so ernst genommen. Plötzlich erkannte ich, dass Peter das Bild nötiger hatte als ich. Ich bot ihm deshalb an, er könne das Bild behalten und ich würde mir auf seine Kosten eine Kopie machen lassen. Das wollte Peter aber nicht, obwohl ihm auch am materiellen Wert des Porträts gelegen war. Eine Rolle spielte dabei auch der Umstand, dass ich zwar verheiratet, aber kinderlos bin, während Peter eine Tochter hat. Wir haben uns dann so geeinigt: Ich bekomme das Bild als Dauerleihgabe für den Rest meines Lebens. Danach geht es zurück an Peter bzw. an sein Kind.

Diese Lösung hat mir gut gefallen. Der materielle Wert ist mir völlig egal. Jetzt kann ich das Bild mein Leben lang anschauen, allein das zählt. Und es ist ein schöner Gedanke, dass es nicht verkauft wird, sondern in der Familie bleibt.

PETER:
Durch die einfühlsamen und ermutigenden Fragen der Mediatorin konnte ich meine eigenen Wünsche besser verstehen und auch aussprechen. Als dann Erika von sich aus auf das Bild verzichten wollte, ist bei mir ein Knoten geplatzt. Plötzlich brauchte ich das Bild nicht mehr. An dieser Stelle ist meine Beziehung zu Erika ins Lot gekommen, und ich spürte auch, dass ich meinen Frieden mit Mutter machen konnte. Schade, dass ich es ihr nicht mehr selber sagen kann. Ich hätte schon viel eher meine Gefühle und Wünsche aussprechen sollen. Vielleicht war Mutter mein Konkurrenzdruck und mein gefühltes Liebesdefizit genauso wenig bewusst wie Erika.

Die Lösung finde ich super. Wir werden als Familie Erika gerne besuchen kommen und uns dann an dem Bild erfreuen. Dass es nach Erikas Tod in den Besitz meiner Tochter übergeht, freut mich besonders. Das Porträt unserer Mutter ist jetzt ein Familienerbstück. Und gleichzeitig, wie die Mediatorin sagte, ein Symbol für einen Familienstreit mit zwei Gewinnern. Glücklichen Gewinnern, füge ich hinzu.

Natürlich wirft unsere kleine Beispielsgeschichte viele Fragen auf. Zum Beispiel diese: Was wäre gewesen, wenn sich nicht nur die Positionen der Geschwister, sondern auch ihre Bedürfnislagen geähnelt hätten? Geht es in jeder Mediation so emotional zu? Wie kann es gelingen, zu den unausgesprochenen, oft versteckten Wünschen und Interessen durchzustoßen? Wie gut, dass wir nicht am Ende des Buches sind. So bleibt uns Gelegenheit, diese und viele weiteren Fragen in den nächsten Kapiteln aufzugreifen.

Vom Konfliktgegner zum Konfliktpartner

Das Harvard-Konzept

1. Konflikte als Chancen – Konfliktbewältigung in der Krise

Wir erleben Konflikte als Krisen. Sie stören nicht nur unser allgemeines Harmoniebestreben, sondern werden oft als persönliche Angriffe empfunden. Sie verletzen, soweit wir angegriffen werden, unser Ego. Sie sind eine Bedrohung unseres Selbstwertgefühls. Sie stellen uns in Frage. Jede Kritik reizt zur gereizten Antwort. Je nach Veranlagung oder Konditionierung reagieren wir in einem Konflikt, an dem wir beteiligt sind, mit eisigem, verletztem Schweigen, mit lautem Aufbrausen oder mit Verdrängung. Wie viele Konflikte haben wir schon unbearbeitet unter den Teppich gekehrt? Dort beginnen sie zu modern und machen sich vielleicht schließlich in einer Weise wieder bemerkbar, wie es keiner vermutet hätte.

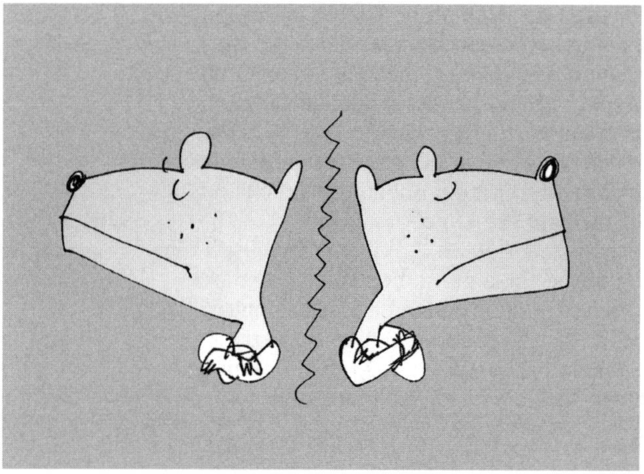

Konflikte sind Indikatoren dafür, dass etwas in einer Beziehung oder in einem Beziehungsgeflecht nicht „rund läuft“. Deshalb sollten wir sie nicht als Katastrophen, sondern als Wachstumsknoten ansehen. Zunächst hat es den Anschein, als ob der Konflikt blockiert und sich die Dinge dadurch verschlimmern. Wenn es aber gelingt, ihn in guter Weise zu lösen, gehen wir und die anderen Beteiligten gestärkt aus dem Konflikt hervor. Das hat uns unser Eingangsbeispiel im letzten Kapitel eindrücklich demonstriert. Die Fähigkeit eines Menschen, Konflikte zu lösen, ist ein Indikator für seine Zufriedenheit und seinen Erfolg im Leben. Konflikte, ob intrapersonal oder interpersonal, sind oftmals die Kräfte, die ihn in die Therapie oder zum Rechtsanwalt treiben.

Das chinesische Wort für „Streit" setzt sich aus zwei Zeichen zusammen. Das eine bedeutet, für sich genommen, „Gefahr", das andere „Chance". Konflikte sind natürlicher Ausdruck unseres Menschseins. Sie entstehen immer bei unterschiedlichen Interessen und Bedürfnissen. Sie sind also kein „Betriebsunfall" und auch kein Zeichen dafür, dass etwas bei uns nicht stimmt. Wenn wir uns in unserer Vielfalt an „Wollen, Fühlen und Verstand" ernst nehmen und annehmen wollen, dann müssen wir auch die dazugehörigen Spannungen und Konflikte akzeptieren.

> **Wenn ein starker Wind weht, bauen die einen Mauern, die anderen Windmühlen.**
>
> **Chinesisches Sprichwort**

Zwei Regulatoren, die früheren Generationen in ihrer Konfliktbearbeitung geholfen haben, fallen immer mehr aus: Religion und Tradition. Religion sagt dem Menschen, was Gott von ihm erwartet. Tradition sagt dem Menschen, was die Gemeinschaft, das Kollektiv, von ihm erwartet. Das Verblassen solcher Gebote und Verbote zugunsten individueller Beliebigkeit führt auch im Konfliktfall zu großer Verunsicherung. Was kann und darf ich vom anderen erwarten? Nach welchen Maßstäben tragen wir unsere Interessenskollisionen aus? Bekommt der Stärkste oder Wortgewandteste Recht? Spricht jemand ein Machtwort? Und wer? Und: Wäre es nicht schön, es gäbe einen „Knigge der Streitkunst"?

Es ist vielleicht kein Wunder, dass gerade in dieser Zeit die Konfliktforschung einen enormen Aufschwung nimmt. Auslöser waren Untersuchungen an der Law School der Harvard-Universität. Sie traten eine Lawine los.

2. Das Harvard Negotiation Project

Das Harvard Negotiation Project wurde 1978 von Roger Fisher ins Leben gerufen, einem – inzwischen emeritierten – Professor an der Harvard Law School. Die Frage, der er zusammen mit Kolleginnen, Kollegen und Studenten nachging, lautete: Warum werden Konflikte manchmal zur Zufriedenheit aller Beteiligten gelöst und warum scheitern so viele Konfliktparteien in diesem Bemühen?

> **Konfliktbearbeitung nach dem Harvard-Konzept ist hart in der Sache, aber weich gegenüber den Menschen. Sie benutzt keine Tricks und kein Imponiergehabe. Sie ermöglicht ein faires Verhalten und schützt gegenüber denen, die Fairness ausnutzen wollen.**
>
> **Roger Fisher, Begründer des Harvard-Konzepts**

Seine Vorgehensweise war empirisch. Tausende von Konfliktfällen aus allen Bereichen des Lebens wurden zusammengetragen, insbesondere solche, die zu einem versöhnlichen Abschluss kamen. Fündig wurden Roger Fisher und sein Team vor allem in zwei sehr unterschiedlichen Bereichen. Zum einen waren es die Schlichtungsbemühungen der christlichen Kirchen. In den USA hatten z. B. die Mennoniten und die Quäker bewährte Konfliktlösestrategien. Zum anderen konnten die amerikanischen Gewerkschaften auf eine lange Tradition erfolgreicher Konfliktvermittlung zurückblicken.

Spannend und eben auch scheinbar etwas überraschend war das Ergebnis der Untersuchung, das Roger Fisher in seinem schon zum Standardwerk avancierten Buch "Getting to Yes" (Deutsch: Das Harvard-Modell: Sachgerecht verhandeln – erfolgreich verhandeln) 1981 veröffentlichte: Wo auch immer Konflikte erfolgreich gelöst wurden, besaßen sie einige übereinstimmende Prinzipien. Die Einhaltung dieser Prinzipien, so folgerte Fisher, müsste dann im Umkehrschluss zu besseren Konfliktlösungen führen.

3. *Empfehlungen/ Prinzipien des Harvard Negotiation Projects*

Gehe das Problem an, nicht die Menschen!

In Konflikten, denen wir ausgesetzt sind, stempeln wir die "andere" Seite gerne zum Feind, zum Konfliktgegner. Wo wir kritisiert werden, wo Forderungen an uns gestellt werden, fühlen wir uns schnell persönlich bedroht. Diese instinktive Reaktion verdunkelt unseren Blick für berechtigte Anliegen. Wir vermischen die Beziehungsebene mit der Problemebene. Wenn z. B. ein Kollege unser notorisches Zuspätkommen bei Konferenzen anmerkt, könnte unsere spontane Reaktion sein: "Das musst ausgerechnet du sagen! Du, der doch immer..." Wir lassen uns also nicht auf die vorgebrachte Kritik ein, sondern gehen postwendend zum Gegenangriff über. Das Ergebnis eines solchen leicht eskalierenden Streits: zwei Verletzte, zwei Verlierer.

Umgekehrt haben wir es zum Teil selber in der Hand, wie andere auf unsere Kritik reagieren. Eine Formulierung wie: "Das ist wieder einmal typisch, dass du uns mit deinem ewigen Zuspätkommen aufhältst!" muss ja durch seine provozierende Verallgemeinerung im "Gegner" eine feindliche Reaktion auslösen. Wo es uns gelingt, das Problem so zu benennen, dass der oder dem Kritisierten die grundsätzliche Wertschätzung nicht entzogen wird, schaffe ich Raum für konstruktive Gespräche und Lösungsmöglichkeiten. ("Du bist heute wieder sehr spät dran. Ich muss dir sagen, dass mich dein Zuspätkommen ärgert, weil es auf Kosten unserer Zeit geht. Ich wünsche mir, dass wir mit unserer Konferenz pünktlich beginnen können...")

Nimm die Interessen und Bedürfnisse in den Blick, nicht die Positionen

Eine Konfliktposition ist die Spitze eines Eisbergs. Darunter verborgen sind Emotionen, die gelegentlich hochschwappen und so sichtbar werden.

Vor allem aber ruht sie auf elementaren Bedürfnissen oder Interessen.

Nehmen wir ein Beispiel aus der Schulmediation. Simone ist sauer auf ihre Schulfreundin Lea, weil sie ihr den Posten der Teamchefin im Volleyballteam weggeschnappt hat. Alle Spielerinnen sind der Meinung, Simone sei die bessere Spielerin, wenn ihre Leistungen in letzter Zeit auch sehr schwankend waren. Weil der Konflikt zwischen Simone und Lea immer mehr eskaliert, kommt es zu einem Streitschlichtungsverfahren. Die Konfliktpositionen sind klar: Beide Mädchen erheben Anspruch auf die Kapitänsbinde, nur eine darf sie tragen. Beide scheinen auch ähnliche Interessen damit zu verbinden, nämlich die Anerkennung, die diese Stellung mit sich bringt.

Im Verlauf der Konflikterhellung offenbart Simone den Grund für ihre schwankende Form: Ihre Eltern haben sich vor kurzem getrennt. Damit verbunden ist nicht nur eine hohe nervliche Belastung, sondern ein erheblicher Arbeitsaufwand. Simones Mutter ist nämlich der Situation kaum gewachsen, so dass Simone zwei jüngere Geschwister mit versorgen muss. Zur Zeit hat sie das Gefühl, dass ihr alles wegschwimmt: Sie hat Probleme mit der häuslichen Situation, bewältigt den Lernstoff nicht mehr, verliert ihre sportliche Anerkennung, hat Ärger mit der Freundin – und verwendet den Rest ihrer Energie darauf, die Trennung der Eltern nicht publik werden zu lassen, die sie irgendwie ebenfalls als persönliche Niederlage empfindet. Eine Konfliktlösung über die anfänglichen Konfliktpositionen wäre dieser komplexen Situation sicher nicht gerecht geworden.

Wir alle haben Bedürfnisse nach Anerkennung, Wertschätzung, Sicherheit, Sinnhaftigkeit oder Selbstverwirklichung. Aus diesen Bedürfnissen erwachsen Positionen, die sich leicht verfestigen und im Interessenskonflikt in Pattsituationen führen können. Die Rückbesinnung auf unsere zugrundeliegenden "eigentlichen" Bedürfnisse eröffnet neue Möglichkeiten und führt so oft zu kompatibleren Positionen und Konfliktlösungen.

Suche nach Lösungen zum beidseitigen Vorteil

Dieser Rat erwächst aus den gerade geschilderten Überlegungen. Für viele Konflikte gibt es nicht nur eine einzig mögliche Lösung. Es gibt Lösungen, die die Bedürfnisse beider Seiten berücksichtigen. Um sie zu finden, brauchen wir manchmal mehr Kreativität und Arbeitsschweiß, als wir zu investieren gewohnt sind. Vor allem die Methode des Brainstormings öffnet den Raum für alle nur möglichen – und unmöglichen – Lösungsmöglichkeiten.

So lassen sich oft ganz ideenreiche Wege zur Bewältigung des anstehenden Problems entdecken. Erst im zweiten Schritt werden dann die Lösungen daraufhin abgeklopft, ob sie wirklich gangbar und effizient sind und ob sie wirklich den Bedürfnissen beider Seiten optimal gerecht werden. Aber nur wenn in einem Streit so viel Verständnis füreinander vorhanden ist – oder durch kluges Verhalten gewachsen ist –, dass die Konfliktgegner wirklich kooperieren, besteht Offenheit für die Suche nach neuen, kreativen Lösungen. Das Harvard Negotiation Project spricht in diesem Zusammenhang von "Lösungen zum beiderseitigen Vorteil" oder von "Win-Win-Lösungen".

Im Falle unserer Volleyballspielerinnen hatte erst Simones Bereitschaft zur Offenlegung ihrer häuslichen Situation den Parteien eine partnerschaftliche Lösung ermöglicht. Ihre Freundschaft zu Lea wurde erneuert und half ihr über die Trennung der Eltern hinweg. Lea und andere Klassenkameradinnen entlasteten Simone bei der Geschwisterbetreuung, bis ihre Mutter wieder belastbarer wurde. So konnte Simone schulisch mitziehen und ihren Platz im Volleyballteam behalten. Umgekehrt sah Simone ein, dass es in der gegebenen Situation fair und gut war, auf die Kapitänsbinde zugunsten von Lea zu verzichten. Im kommenden Schuljahr würden die sportlichen Karten den Leistungen entsprechend neu gemischt werden.

Suche für die Vereinbarungen möglichst sachgerechte Kriterien

Auch wenn zwischen Konfliktparteien ein hohes Maß an gegenseitigem Verständnis erwachsen ist, bleibt oftmals die harte Realität, dass Interessen kollidieren, die nicht immer auf einer höheren Ebene auszugleichen sind: Sie möchten mit dem Auto zur Arbeit fahren, Ihr Ehepartner ebenfalls. Sie möchten weniger Miete zahlen, Ihr Vermieter möchte die Miete erhöhen. Auch Simone und Lea können nicht beide gleichzeitig die Kapitänsbinde ihres Volleyballteams tragen. Deshalb kann es oft von Vorteil sein, Ihre Lösungsansätze auf die Grundlage objektiver Prinzipien zu stellen. Der Vorteil: Die Lösung basiert nicht auf Macht, Einfluss, guter Rhetorik, geschicktem Argumentieren usw., sondern auf Kriterien, die unabhängig sind vom beiderseitigen Willen. Im Falle des gemeinsamen Autos könnten solche Kriterien die Geld- oder Zeitersparnis sein. Bei der Miete lohnt ein Blick in den Mietspiegel. Bei Simone und Lea wären das fachliche Urteil des Trainers oder eine Abstimmung im Team Lösungsansätze, die vom Willen der Kontrahenten unabhängig sind. Wichtig: Auch bei fehlenden „harten“ objektiven Kriterien (in Maß und Zahl) kann man oft noch sachgerechte Maßstäbe finden. Harvard nennt zum Beispiel frühere Vergleichsfälle, wissenschaftliche Gutachten, moralische Kriterien, Gleichbehandlung, Gegenseitigkeit usw.

Neben diesen vier Grundsätzen führen Fisher und Ury in ihrem Buch „Das Harvard-Konzept“ noch weitere Prinzipien auf, die nach ihren Untersuchungen erfolgreiche Lösungen hervorgebracht haben. Zwei davon sollen hier ergänzend genannt werden, weil sie auch in der Mediation von großer Bedeutung sind.

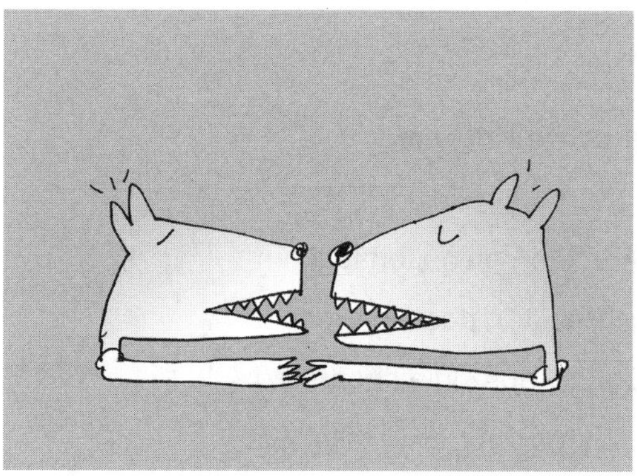

Mache deinen Konfliktgegner zum Konfliktpartner

Dieser Rat hilft nicht nur, das Problem zu versachlichen, sondern bezieht das Gegenüber gezielt in den Konfliktlöseprozess ein. “Behandle deinen Konfliktgegner wie einen Richterkollegen, mit dem du zu einem gemeinsamen Urteil kommen musst”, empfiehlt Roger Fisher. Indem ich dem oder der anderen die Fähigkeit zubillige, den Konflikt gemeinsam mit mir zu lösen, schenke ich ihm oder ihr Anerkennung, eines unserer elementarsten Grundbedürfnisse. Gleichzeitig stelle ich sicher, dass die Lösung einvernehmlich und wahrscheinlich auch dauerhaft sein wird. Und schließlich schalte ich von Kampf und Vorteilsdenken auf Kooperation und faire Einigung um. (“Wie könnten wir herausfinden, ob der Preis für dieses Haus angemessen und fair ist?”)

Vereinbare kooperative Kommunikationsregeln

Konfliktlösungen setzen eine Haltung voraus (Konfliktpartner statt Konfliktgegner), die sich auch in der Art der Kommunikation niederschlagen muss. Das Harvard Negotiation Project spricht in diesem Zusammenhang von einem wertschätzenden Umgang, der das Ausredenlassen, das Zuhören und das Von-sich-selber-Sprechen ("Ich-Botschaften") beinhaltet. Soweit der Konfliktpartner diese Gesprächsregeln nicht einhält – vielleicht hat sie oder er solche Regeln noch nie mit Streit in Verbindung gebracht – wird empfohlen, sie einzufordern: "Du bist wirklich sehr aufgebracht, das kann ich verstehen. Trotzdem fände ich es gut, wenn wir einander ausreden lassen und zuhören könnten. Meinst du, wir kriegen das hin?"

Es versteht sich von selbst, dass wertschätzende Kommunikationsstrukturen deeskalierend wirken. Voraussetzung ist natürlich die Fähigkeit zumindest einer der Konfliktparteien, solchermaßen selbstdistanziert in einem Streit zu kommunizieren. Darüber hinaus kann es notwendig sein, den Konfliktpartner durch das eigene Vorbild regelrecht zu einer deeskalierenden, lösungsorientierten Kommunikation anzuleiten.

4. Wenn zwei sich nicht mehr einigen können: Vom Harvard Negotiation Project zur Mediation

Die Ratschläge, die Roger Fisher in seinem Buch "Getting to Yes" zusammenfasste, erreichten ein Millionenpublikum. Sie wurden als "sound advice" empfunden, also als vernünftig und nachvollziehbar. Seine wissenschaftliche Feldforschung fand weltweite Beachtung und löste ein wachsendes Interesse an Konfliktforschung aus, das mit der in den 60er und 70er Jahren entstandenen weltweit pazifistischen Bewegung einen zusätzlichen Impetus erhielt. Viele Universitäten – neben Harvard stehen inzwischen

z. B. die University of Denver, das Massachusetts Institute of Technology oder das Department of Peace Studies an der University of Bradford, England, – beschäftigen sich heute intensiv mit "peaceful dispute resolution", gewaltfreier Konfliktlösung.

Fisher selbst hat immer großen Wert darauf gelegt, dass seine Prinzipien an ihrer Praktikabilität, an ihrer Praxisbewährung gemessen werden. Als größtes Problem in der Umsetzung stellte sich heraus, dass manche Streitsituation bereits so verfahren oder so weit eskaliert war, dass die Beteiligten die schönen Prinzipien nicht mehr praktisch anwenden konnten. Auch fehlen bis heute vielen Menschen die dazu nötigen, weiter oben beschriebenen kommunikativen Kompetenzen. Als sehr erfolgreiche Antwort auf dieses Problem hat sich die Mediation erwiesen. Mediation ist ein ursprünglich lateinischer Begriff und bedeutet Vermittlung. Ein Mediator ist also ein Vermittler im Konflikt. Streitschlichtung durch Dritte, eben durch Vermittler, gab es zu allen Zeiten. Neu war ein strukturiertes Verfahren, das in genau definierten Schritten dafür sorgte, dass die Konfliktparteien die beschriebenen Harvardprinzipien einhalten konnten. In der Mediation schlägt der Vermittler keine eigenen Lösungen vor, sondern vertraut ganz den Lösungsressourcen der Beteiligten. Sie sind die "Experten des Konflikts" und sie allein entscheiden, ob ihre Lösungen fair, tragfähig und zu beiderseitigem Vorteil sind. Der Mediator ist "lediglich" der Verantwortliche für den Gesprächsprozess. Als "allparteilicher" Vermittler ist er auf das Vertrauen aller Konfliktparteien angewiesen und benötigt neben moderativen und kommunikativen Fähigkeiten ein hohes Maß an Verständnisbereitschaft und Empathie. Im nächsten Kapitel wird das Verfahren der Mediation im Überblick vorgestellt.

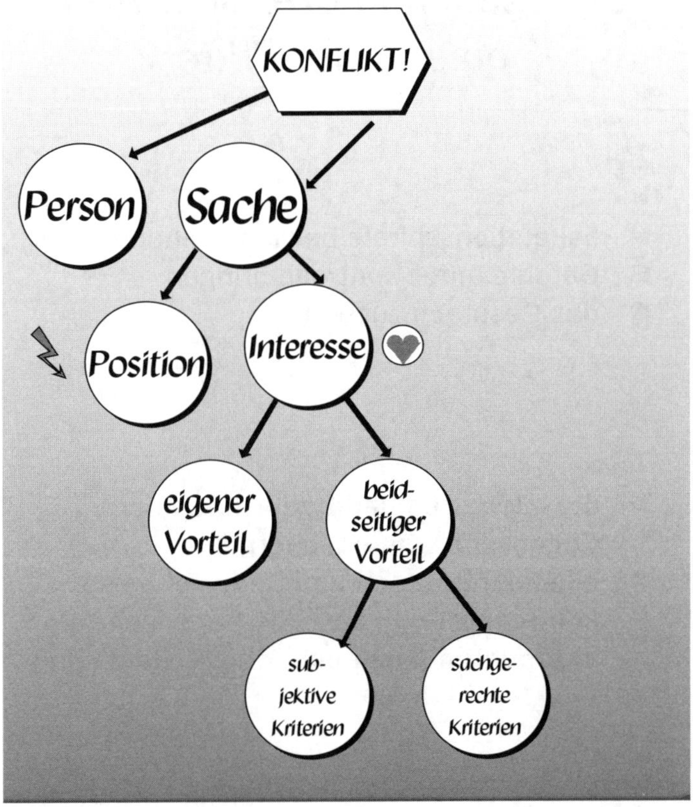

Konflikte deeskalieren und konstruktiv lösen

Vier strategische Schritte nach Harvard

1.
Trenne zwischen dem Konflikt und der Person

2.
Unterscheide zwischen Positionen und Interessen

3.
Suche Lösungen zum beidseitigen Vorteil

4.
Suche für die Vereinbarungen möglichst sachgerechte Kriterien

So löse ich in drei Schritten eigene Konflikte

1

- Eskalationsspirale bewusst anhalten
- Gefühle unter Kontrolle bringen
- das Gespräch suchen

2

- die Interessen und Bedürfnisse der Gegenseite verstehen lernen
- eigene Interessen und Bedürfnisse so kommunizieren, dass die Gegenseite sie akzeptieren (nicht unbedingt teilen) kann

3

- im anderen den Konfliktpartner, nicht den Konfliktgegner sehen lernen
- gemeinsame, sachgerechte Lösungen suchen
- faire Vereinbarungen treffen

Von den Positionen zu den Interessen

„The Two Mules", mit freundlicher Genehmigung
von Quaker Peace and Service, London

Win-Win – Wie geht das und warum funktioniert es?

Was ist Mediation

Was ist Mediation? Eine kurze und prägnante Antwort: *MediatorInnen helfen Konfliktparteien Lösungen zu finden, die beide Seiten zufriedenstellen.* In diesem Satz verstecken sich bereits wesentliche Grundgedanken der Mediation: „Lösungen finden“ ist etwas anderes als Recht sprechen oder ein Urteil fällen. „Finden helfen“ heißt, dass der Mediatior oder die Mediatorin keine Lösungen aus dem Hut zaubert. Die MediantInnen (also die Konfliktparteien) sind aufgefordert, eigene Lösungen zu finden, allerdings mit Hilfe des Mediators. Das Wort „Konfliktparteien“ setzt voraus, dass es überhaupt einen benennbaren Konflikt gibt. Ohne Zankapfel keine Mediation! „Beide Seiten zufriedenstellen“ heißt, dass es keine Verlierer geben sollte. Beide Streitparteien müssen das Ergebnis der Mediation als faire und sachgerechte Lösung ansehen. Wer also öfters einmal in die Verlegenheit kommt, auf die Frage „Was ist eigentlich Mediation?“ mit einem Satz antworten zu müssen, wäre mit der oben angebotenen Definition gut bedient.

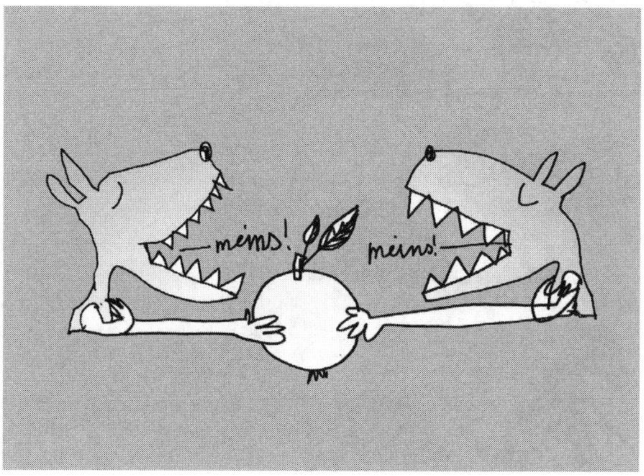

Folgende Definition ist auch nur ein Satz, aber sicher nicht zum Auswendiglernen gedacht, sondern als Eintrag in eine Enzyklopädie:

Mediation ist

- ein außergerichtliches Konfliktbearbeitungsverfahren,

- in dem alle am Konflikt Beteiligten
- mit Unterstützung eines externen, allparteilichen Dritten
- freiwillig, eigenverantwortlich und gemeinsam
- eine konsensfähige Konfliktlösung erarbeiten.

Im Englischen würde man sagen: „a mouthful“, ein Satz also, an dem man sich leicht verschlucken kann... In dieser Beschreibung finden wir jedoch eine Reihe von Aussagen zu den Voraussetzungen einer Mediation, die wir einmal näher betrachten.

1. Voraussetzungen einer Mediation

Freiwilligkeit

Erste und wichtigste Voraussetzung einer Mediation ist die Freiwilligkeit der Konfliktparteien. Eine eigenverantwortliche, einvernehmliche Lösung kann unter Druck kaum zustande kommen. Vielleicht erinnern wir uns an die Sandkastenstreitereien mit Geschwistern und Spielgefährten und das mit donnernder Stimme auf uns niedersausende, „streitschlichtende“ Wort des Vaters oder Lehrers: „VERTRAGT EUCH! GEBT EUCH DIE HAND!“ Friede, der aus Druck geboren ist, hält längstens so lange wie der Druck, der ausgeübt wird. Nur wenn zum Wunsch nach Frieden die Einsicht kommt, dass ich meinen Teil dazu beitragen muss, stimmen die Vorzeichen. In anderen Worten: Wenn eine Partei nur gezwungenermaßen an einer Mediation teilnimmt, ist der Erfolg in höchster Gefahr. Das ist der Pferdefuß bei der in den Bundesländern eingeführten obligatorischen außergerichtlichen Streitschlichtung (vgl. Kasten S. 16). Auch in Amerika und in anderen Ländern, wo zum Beispiel Scheidungsfälle vor Gericht nur nach versuchter Mediation angenommen werden, führt der Mangel an Freiwilligkeit zu Pro-forma-Mediationen, die keinen Schritt weiterführen.

Allerdings: Mancher, der solchermaßen in eine Mediation gezwungen wurde, ist durch das Geschick der MediatorInnen erfolgreich zur konstruktiven Mitarbeit eingeladen worden. Es lohnt sich, die mangelnde Freiwilligkeit nicht vorschnell zum Abbruchkriterium einer Mediation zu machen. Der Versuch, die Freiwilligkeit doch noch herzustellen, könnte bei einer Scheidungsmediation so aussehen:

Mediatorin: Herr Schwarz, Ihre Frau hat ja diesen gemeinsamen Termin mit mir vereinbart. Und jetzt sagen Sie, dass Ihre Frau sie „hergeschleift“ hat und Sie an dieser Mediation gar kein Interesse haben. Ist das so?
Herr Schwarz: Genau.
Mediatorin: Sie erhoffen sich also für sich selber nichts Vorteilhaftes.
Herr Schwarz: Nein, sie will mich ja nur rumkriegen, dass sie im Haus wohnen bleiben kann. Das ist aber ganz ausgeschlossen.
Mediatorin: Sie haben also die Sorge, dass Ihnen hier etwas aufgezwungen wird.
Herr Schwarz: Genau.
Mediatorin: Wie wäre es, wenn Sie sicher wüssten, dass ich mich auf keine Seite schlage, sondern darauf achte, dass eine faire, für Sie beide gute Lösung herauskommt. Würde das Ihre Einstellung ändern?
Herr Schwarz: Das käme auf einen Versuch an.
Mediatorin: Ich schlage Folgendes vor: Sie erklären sich zur Mitarbeit bereit und achten darauf, ob ich wirklich neutral bleibe. Wenn nicht, sagen Sie es mir sofort. Einverstanden?
Herr Schwarz: Wir können es ja mal versuchen.

Die so hergestellte Freiwilligkeit steht auf dünnem Eis. Aber manche Mediation hat so begonnen und konnte trotzdem erfolgreich beendet werden. Entscheidend (neben der versprochenen Neutralität der Mediatorin) ist die (im Beispiel ebenfalls zugesagte) Bereitschaft des Medianten zur Mitarbeit.

Übrigens wird Freiwilligkeit zwar durch äußeren Druck, aber nicht durch Leidensdruck beeinträchtigt. Dieser ist fast immer vorhanden, bevor Streitende sich auf eine Mediation einlassen. Leidensdruck ist heilsam, weil er die Bereitschaft zur Mitarbeit erhöht.

Neutralität des Mediators

Die zweite Voraussetzung ist die gerade schon erwähnte Neutralität des Mediators. Sie ist unerlässlich und fällt manchmal sehr schwer. In der Ausbildung kommt es in Rollenspielen nicht selten vor, dass Teilnehmer abbrechen, weil sie diese Gratwanderung nicht aushalten. Neutralität, oder besser: Allparteilichkeit des Mediators und der Mediatorin ist nicht nur für die Verfahrensleitung unerlässlich, sie ist auch die Voraussetzung für seine Akzeptanz. Und nur, wenn der Mediator oder die Mediatorin das uneingeschränkte Vertrauen der Streitparteien besitzen, lassen sie sich auf eine offene, konstruktive Konfliktbearbeitung ein.

Bereitschaft zur Verantwortung für den eigenen Konflikt

Die Bereitschaft, Verantwortung für den eigenen Konflikt zu übernehmen, ist eine weitere Voraussetzung für eine Mediation. Bereits bei unseren streitenden Geschwistern Erika und Peter (S. 15) haben wir gesehen, dass mit der gerichtlichen Auseinandersetzung der Konflikt aus der Hand gegeben wird. Das ist manchmal der scheinbar einfachere Weg: *Soll doch ein anderer sich den Kopf darüber zerbrechen, wer schuldig ist und wer Recht hat.* Nur wer bereit ist, sich selber den Kopf zu zerbrechen, also bereit ist hinzuhören, verstehen zu wollen, gemeinsam nach fairen, beziehungserhaltenden Lösungen zu suchen, erntet am Schluss die guten Früchte einer erfolgreichen Mediation.

Kommunikationswilligkeit und -fähigkeit

Und schließlich: Zum Gelingen einer Mediation gehören Kommunikationswilligkeit und -fähigkeit. Während die Kommunikationswilligkeit bereits mit den Punkten Freiwilligkeit und Verantwortungsbereitschaft abgedeckt ist, liegt die Kommunikationsfähigkeit nicht im Ermessen der Parteien. Natürlich kann der Mediator oder die Mediatorin durch Formulierungsangebote und andere kommunikative Techniken manches ausgleichen. Es gibt aber auch Grenzen, die eine Mediation nicht mehr sinnvoll erscheinen lassen. Wo diese Grenzen liegen, lassen sich nicht eindeutig bestimmen. Jeder Mediator wird hier seine eigenen Erfahrungen machen.

Ein deutscher Mann und seine thailändische Frau kommen in die Mediation. Er ist Lehrer und entsprechend kommunikationsgeübt. Sie spricht nur gebrochen Deutsch, hat kaum Schulbildung, lebt in einer fremden Kultur, ist nicht dialoggeübt. Ein solcher Gegensatz ist eigentlich nicht zu überbrücken. Dass es mit sehr hohem Aufwand doch geht, zeigen uns interkulturelle Mediationen, in denen z. B. entsprechend ausgebildete Übersetzer und Kenner der fremdländischen Kultur eingeschaltet werden.

Manchmal (selten) trifft man auf Menschen, die einfach nicht in der Lage sind, Gehörtes aufzunehmen oder Eigenes differenziert wiederzugeben. Auch hier stoßen MediatorInnen an ihre Grenzen.

2. Die vier Dimensionen der Mediation

Mediation ist mehr als ein Konfliktgespräch. Will man das Ganze in den Blick bekommen, so könnte man von vier Dimensionen sprechen, die das funktionierende Phänomen Mediation ausmachen: eine bewusste mediative Haltung, ein strukturiertes Verfahren, fein aufeinander abgestimmte Methoden und die Bereitschaft zur Selbstreflexion (vgl. Graphik auf S. 37). Ich spreche bewusst von Dimensionen, denn diese vier Stichworte bezeichnen verschiedene Ebenen, die in ihren Funktionen nicht zusammengeworfen oder verwechselt werden dürfen.

Haltung des Mediators

Beginnen wir mit dem Wichtigsten, der mediativen Haltung. Es muss der unerschütterliche Glaube aller Mediatoren sein, dass die Konfliktparteien die erforderlichen Ressourcen besitzen, um ihren Streit eigenverantwortlich lösen zu können. Diese Haltung ist uns in einer Welt der guten (und weniger guten) Ratschläge eher fremd, wenn sie auch über viele Rinnsale und Bächlein wie z.B. persönlichkeitsentwickelnde Supervision, gewaltfreie Kommunikation, Moderation, Montessori-Pädagogik oder lösungsorientierte Therapie-Ansätze unsere Gesellschaft immer mehr erreicht. Das Motto der Montessori-Schulen „Hilf mir, es selbst zu tun“ könnte auch das Motto des kleinen Bächleins Mediation sein. In diesem Sinne gehört zur Haltung des Mediators ein empathisches Zugewandtsein zu beiden Konfliktparteien sowie Empowerment, die „In-Stand-Setzung“ ihrer manchmal verschütteten Konfliktlösungsressourcen. (Das englische Wort *Empowerment* lässt sich nur mit Abstrichen ins Deutsche übersetzen. Es bedeutet, jemanden zu seiner Aufgabe zu befähigen, ihn mit dem dafür Erforderlichen auszurüsten.)

> **Es muss der unerschütterliche Glaube aller Mediatoren sein, dass die Konfliktparteien die erforderlichen Ressourcen besitzen, um ihren Streit eigenverantwortlich lösen zu können.**

MediatorInnen helfen den Parteien, (1) miteinander wieder konstruktiv ins Gespräch zu kommen, (2) ihre Probleme besser zu erkennen und ver-

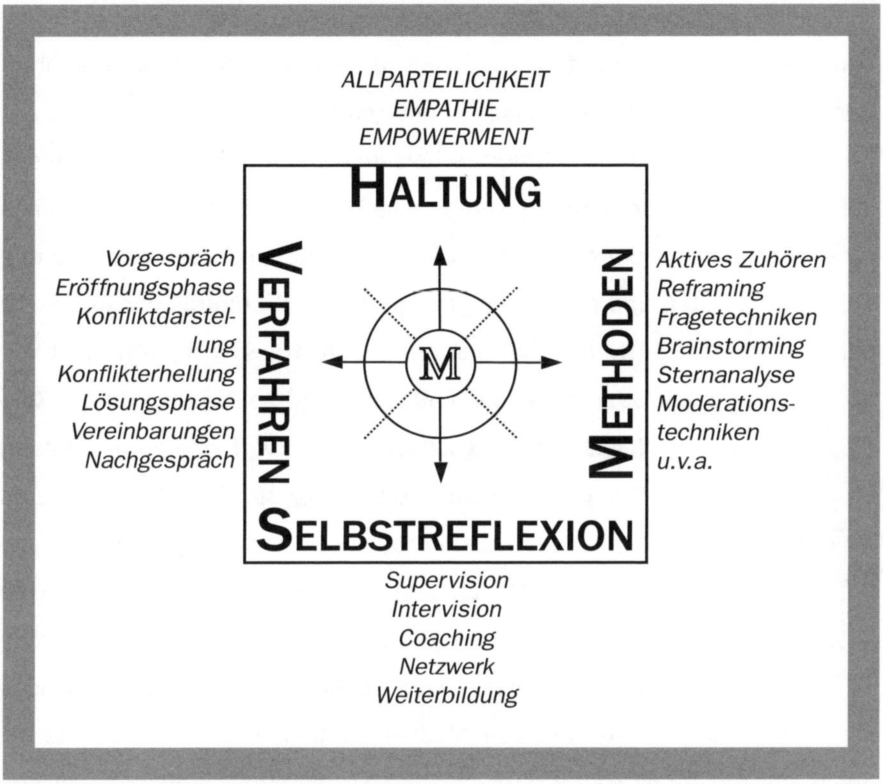

Die vier Dimensionen der Mediation

stehen, (3) ihre Gemeinsamkeiten und Differenzen herauszuarbeiten und (4) Lösungsoptionen zu finden, denen beide zustimmen können. Dass der Mediator oder die Mediatorin dabei allparteilich sein soll, wurde schon erwähnt und wird im nachfolgenden Kapitel „Die Rolle des Mediators“ noch einmal ausführlicher beleuchtet.

Selbstreflexion

Der Haltung gegenüber steht die Selbstreflexion. Sie ist das Korrektiv der mediativen Haltung. In kollegialer Supervision, in Intervisionsgruppen und anderen Netzwerken überprüft der Mediator, die Mediatorin ihre Einstellung – nicht philosophisch, sondern in Kontakt zu den konkreten Fällen, zum Erfolg und zu den unausbleiblichen Niederlagen. Auch hier geschieht Empowerment, diesmal an den MediatorInnen selber. Sie gehen innerlich einen Schritt zurück, um sich und ihr Tun besser betrachten und verstehen zu können. Sie reflektieren ihre eigenen Konflikte und üben den eigenverantwortlichen Umgang mit ihnen. So werden sie befähigt, andere bei ihrer Konfliktbewältigung immer besser zu unterstützen.

Verfahren

Mediation ist ein strukturiertes Verfahren, das in definierten Phasen abläuft. In einem **Vorgespräch** werden abgeklärt: die Eignung des Konflikts für eine Mediation, der einzuladende Kreis der Konfliktbeteiligten, die entstehenden Kosten und andere Regularien. In der **Eröffnungsphase** schafft der Mediator den notwendigen Rahmen, erläutert das Verfahren, trifft Vereinbarungen, stellt Gesprächsregeln auf, ermutigt die Parteien. In der **Konfliktdarstellungsphase** haben die Parteien den Raum, ihre jeweilige Sichtweisen ungestört und (vielleicht zum ersten Mal) ununterbrochen darzustellen. Bei komplexeren Konflikten werden in dieser Phase zunächst die Themen gesammelt und die Reihenfolge für ihre Bearbeitung festgelegt. In der **Konflikterhellungsphase** (manche sagen Vertiefungsphase) geben die MediatorInnen den Medianten den Raum, den Konflikt in der nötigen Breite und Tiefe zu besprechen und die jeweiligen gemeinsamen und unterschiedlichen Hintergründe, Bedürfnisse, Interessen, Ziele, Wünsche herauszuarbeiten. In der **Problemlösungsphase** erarbeiten die Parteien einvernehmliche Lösungen. Der Mediator oder die Mediatorin unterstützt sie dabei mit hilfreichen Methoden. In der **Vereinbarungsphase** werden die Lösungen zu einem schriftlichen Vertrag ausformuliert. Der Einigungspakt wird noch einmal überprüft, seine Umsetzung und Kontrolle besprochen und schließlich unterzeichnet. Bei einem **Nachgespräch** zu einem späteren Zeitpunkt überprüfen die Parteien zusammen mit den MediatorInnen, ob der Vertrag umgesetzt werden konnte, oder ob gegebenenfalls eine Nachjustierung oder sogar eine neue Mediation erforderlich sind.

> **Einen Freund zu behalten ist wichtiger, als einen Sieg zu erringen**
>
> **Sprichwort**

Es ist für das Gelingen einer Mediation von ausschlaggebender Bedeutung, diese Phasen in ihrer Reihenfolge einzuhalten und auch keine

Phase zu überspringen. So ist zum Beispiel die Versuchung groß, gleich in die Konflikterhellungsphase zu gehen, ohne den Parteien Raum für ihr „Eingangsplädoyer" zu geben. Hier sind prozessleitende Fähigkeiten des Mediators oder der Mediatorin gefragt. Eine weitere Versuchung ist das Verkürzen der Konflikterhellungsphase, nämlich dann, wenn (scheinbar) geniale Lösungen auftauchen und man am liebsten gleich in die Vertragsphase springen möchte. Erfahrene Mediatoren werden es bestätigen: Die schnelle oder offensichtliche Lösung ist selten die beste. Erst wenn alle konfliktleitenden Interessen und Wünsche „auf dem Tisch" sind, erst wenn in einem Brainstorming alle erdenklichen Lösungsvorschläge festgehalten und auf ihre Durchführbarkeit abgeklopft wurden, erst dann kann man sicher sein, zu wirklich tragfähigen Lösungsoptionen gekommen zu sein.

Methoden

Dem Verfahren der Mediation stehen die Methoden gegenüber, die Werkzeuge der MediatorInnen, mit deren Hilfe sie das Verfahren sicher bewältigen. Von Abraham Maslow stammt der Satz: „Wenn dein einziges Werkzeug ein Hammer ist, neigst du dazu, in jedem Problem einen Nagel zu sehen." Will im Umkehrschluss heißen: Je vielseitiger und differenzierter die Werkzeuge in unserem Werkzeugkoffer sind, desto angemessener können wir reagieren und desto höher ist die Wahrscheinlichkeit, die gestellten Aufgaben effizient und sicher zu bewältigen.

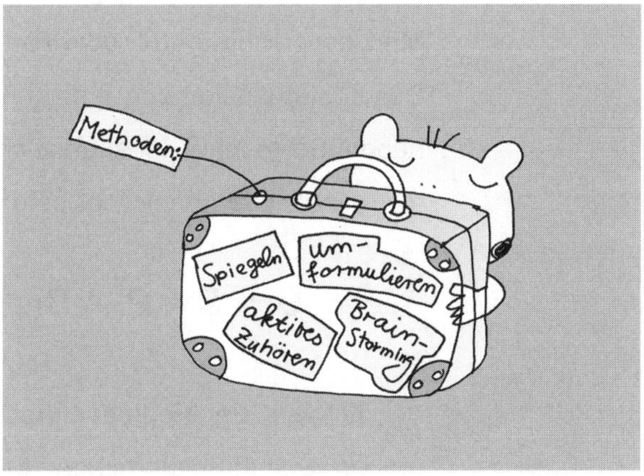

Beim Zusammensuchen von gutem methodischem Werkzeug konnte die Mediation auf viel Bewährtes zurückgreifen. Weil die Mediation dialogorientiert ist, sind es vor allem kommunikative Techniken wie Aktives Zuhören, Ich-Botschaften, Fragetechniken, Spiegeln usw. Weil die Mediation darüber hinaus prozessorientiert ist, ergänzen Moderationsmethoden das Repertoire. Zur Konflikterhellung und Kontraktklarheit benutzt der Mediator oder die Mediatorin Techniken der Visualisierung. Für Spezialaufgaben enthält der Koffer Anleihen aus der Supervision, der systemischen Therapie, der Transaktionsanalyse, des Projektmanagements u.v.a.m. Entscheidend ist bei jeder Methode der Blickwinkel. Die Methode ist nie Selbstzweck. In jeder Phase der Mediation muss ich mich fragen, ob und warum gerade dieses Werkzeug das richtige ist. Und noch wichtiger: ob ich es beherrsche. Denn neben den Methoden, die zu den Kernkompetenzen aller MediatorInnen gehören müssen, gibt es solche, die spezielles Fachwissen voraussetzen. So kann z. B. die Methode der Organisationsaufstellung ein ausgezeichnetes Mittel sein, einen Konflikt zu erhellen. Diese Methode setzt jedoch eine entsprechende Ausbildung voraus. Wer hier vorschnell und mit ungenügender Vorbereitung und Erfahrung ans Werk geht, tut sich und der Mediationszunft keinen Gefallen. (In Klammern gesagt: Es gilt auch die umgekehrte Feststellung. Mancher Rechtsanwalt oder Familienberater nimmt die Mediation in seinen Dienstleistungskatalog auf, ohne eine fundierte Ausbildung absolviert zu haben. So gesehen ist eben auch das Mediationsverfahren eine „Methode“, die gelernt und beherrscht sein will.)

3. P→ G→ B = P' – Die „Formel“ zum Mediationserfolg

Erfolg in der Mediation lässt sich nicht beziffern – auch nicht mit Buchstaben. Selbst abgebrochene Mediationen müssen nicht erfolglos sein. Es ist bereits ein wichtiges Ergebnis, wenn die Parteien ihre Positionen besser verstehen oder ihre Interessen artikulieren konnten, auch wenn es zu keiner Lösung führte. Manchmal ist die Zeit für eine partnerschaftliche Verständigung einfach noch nicht reif – etwa wenn die Verletzungen noch zu frisch sind, wenn die Gefühle noch übermächtig sind. Gute MediatorInnen beenden eine abgebrochene Mediation nicht mit einer Bemerkung des Scheiterns, sondern, noch immer im Sinne des gerade besprochenen Empowerments, mit einem Zuspruch:

Wir haben gerade festgestellt, dass die Zeit für eine gütliche, sachgerechte Lösung noch nicht reif ist. Trotzdem haben Sie, glaube ich, wichtige Impulse mitgenommen. Sie sind erste Schritte aufeinander zugegangen. Bitte lassen Sie doch den Inhalt dieser Sitzung eine Weile in Ihnen arbeiten. Vielleicht haben Sie dann doch den Wunsch, es noch einmal miteinander statt gegeneinander zu versuchen. Ich bin jedenfalls zu einer Neuauflage unseres Gesprächs gerne bereit...

Also: Erfolg ist relativ. Trotzdem haben die Buchstaben in unserer „Formel" einen entscheidenden Einfluss auf Gelingen oder Scheitern einer Mediation. Die Buchstaben stellen eine Entwicklung dar und stehen für

P = anfängliche Positionen,

G = Gefühle,

B = Bedürfnisse/Interessen,

P'= neue Positionen.

Wir veranschaulichen uns diese Entwicklung an einem konkreten Beispiel.

Die Weltreise als Liebesbeweis

Ein Ehepaar erbt unverhofft 10 000 Euro. Sie möchte von dem Geld eine Weltreise machen. Er will den Betrag auf die hohe Kante legen. Eine Einigung ist nicht in Sicht. Das Paar wendet sich mit seinem Problem an einen Mediator.

Am Anfang einer Mediation stehen sich oft zwei Positionen unversöhnlich und unvereinbar gegenüber.

Der „Trick" einer erfolgreichen Mediation besteht nun darin, nicht die unterschiedlichen Positionen als Ausgangspunkt zu nehmen. Das sind fast immer unüberbrückbare Gegensätze, so wie Weltreise und Sparbuch. Es gilt vielmehr, die Bedürfnisse, die hinter den Standpunkten stehen, hervorzuholen und ans Licht zu bringen.

Im Fall des streitenden Paares hat die Ehefrau über viele Jahre ihre Schwiegermutter bis zu deren Tod gepflegt. Eine Weltreise von den 10 000 Euro aus dem Nachlass betrachtet sie als gerechten Ausgleich für die jahrelange Aufopferung. Der Ehemann dagegen argumentiert mit der Ausbildung der beiden Kinder, die finanziert werden müsse, und mit seinem Arbeitsplatz, der nicht für alle Zeiten sicher sei. Deshalb solle das Geld gespart werden.

Das sind die Positionen. Aber im Laufe des Gesprächs wird deutlich: Der Frau geht es gar nicht um die Reise. Sie hat Angst um ihre Ehe. In dem Stress durch die Pflege glaubt sich die Frau ihrem Partner entfremdet. Sie sieht sein Einverständnis zu der Reise als Test, als Liebesbeweis. Nach ihrer Einschätzung hängt die Ehe an einem seidenen Faden. Der Mann fällt aus allen Wolken.

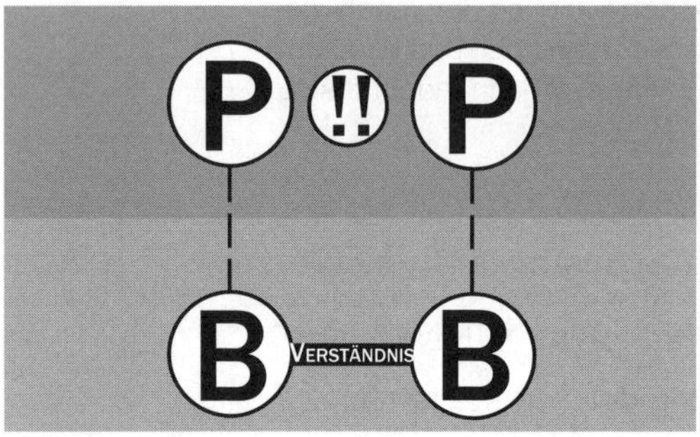

Auch bei unvereinbaren Positionen gelingt es oft, die zugrundeliegenden Bedürfnisse, Wünsche und Interessen freizulegen und dafür gegenseitiges Verständnis zu entwickeln.

Aber es gibt auch auf der anderen Seite eine Überraschung. Der Ehemann hat die Kinder nur vorgeschoben. Er weiß nämlich bereits, dass sein Job tatsächlich gefährdet ist, was er seiner Frau bis dato nicht erzählt hatte. Das Geld bedeutet für ihn die Chance, die Familie in der Krise besser abzusichern.

Die Ausgangslage des Konfliktes hat sich grundlegend geändert. Der Mann beginnt die Gefühle und Motive seiner Frau zu verstehen. Er begreift, dass es ihr nicht um Geldverschwendung geht, sondern um den Erhalt ihrer Ehe. Genau darum geht es ihm ja auch, wenn auch aus anderen Gründen und mit anderen Mitteln.

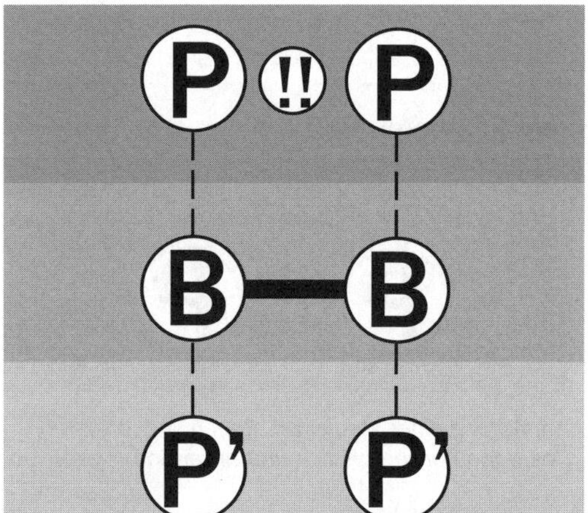

Der Lösungsweg der Mediation: Von den unvereinbaren Positionen über die Bedürfnisse und Interessen zu neuen Positionen, die die gegenseitigen Bedürfnisse berücksichtigen.

Die Frau erkennt und versteht nun die Existenzsorgen ihres Mannes und dass er sehr wohl bereit ist, in die Ehe zu investieren. Plötzlich ist ihr die Weltreise nicht mehr so wichtig.

Das Ende vom Lied sind ein wesentlich kleinerer Urlaub und die Eröffnung eines Catering-Services. Nach dem Tod der Schwiegermutter ist die Frau ohnehin in einer Neuorientierungsphase. Der Gedanke, zusammen mit ihrem Mann etwas aufzubauen, ist ihr sympathisch. Über das Verständnis ihrer Bedürfnisse und Wünsche hat das Ehepaar zu neuen Positionen gefunden.

Und beide fassen den festen Vorsatz, wieder mehr miteinander zu reden, damit sie nicht wieder aus allen Wolken fallen...

Aber unsere Formel ist immer noch unvollständig. Denn so einleuchtend dieser Weg der Mediation zu guten Lösungen ist, so schwierig gestaltet er sich in der Praxis. Was muss geschehen, damit Menschen ihre innersten

Bedürfnisse und Wünsche preisgeben? Um bei unserem Beispiel zu bleiben: Es fällt nicht allen Menschen so leicht zuzugeben, dass sie ihre Ehe vor dem Scheitern sehen. Wie wird der Ehemann darauf reagieren? Tritt man damit nicht eventuell eine Lawine los, deren Folgen viel gefährlicher sein können als die Forderung nach einer (verdienten) Weltreise? Umgekehrt: Auch dem Mann kann es sehr schwer fallen, seine bevorstehende Kündigung mitzuteilen. Es gibt Männer, die aus Scham noch monatelang jeden Morgen scheinbar zur Arbeit gehen, obwohl ihr Job schon längst wegrationalisiert wurde. Wie also zu den eigentlichen Konfliktursachen durchdringen?

Jemand hat einmal gesagt: *Die Gefühle sind die Kinder der Bedürfnisse.* Diese Beobachtung machen wir auch in der Mediation. Gefühle sind nie Selbstzweck, sondern werden durch die noch tiefer liegende Schicht der Bedürfnisse ausgelöst. Das Bedürfnis nach Anerkennung löst Freude aus, wenn es erfüllt wird, Ärger, Trauer oder Wut, wenn das Bedürfnis unerfüllt bleibt. Das Bedürfnis nach Sicherheit kann Angst auslösen, aber auch Resignation, wenn es dauerhaft unerfüllt bleibt. Das Bedürfnis nach Nähe und Beziehung schenkt innere Ruhe und Gelassenheit, wenn es erfüllt wird; sonst kann es zu Gefühlen des Hasses, der Aggression oder Trauer kommen.

Die Gefühle sind die Kinder der Bedürfnisse

Hier wird etwas ganz Wichtiges deutlich: Gefühle erwachsen zwar in Abhängigkeit zu den zugrundeliegenden Bedürfnissen, sie sind jedoch niemals eindeutig. Dasselbe Grundbedürfnis kann zu ganz unterschiedlichen Gefühlen führen, und es ist die Herausforderung des Mediators und der Mediatorin, durch gute und einfühlsame Fragen zu den Bedürfnissen der Medianten vorzudringen.

Um deutlich zu machen, wie so etwas gehen kann, hier ein kleines Beispiel.

Mediantin (zu ihrem Mann): Dass du das einfach nicht begreifen kannst, dass ich jetzt nach der Pflege deiner Mutter eine Auszeit brauche!!

Mediator: Sie ärgern sich, weil Sie ausgelaugt sind und dafür von Ihrem Mann mehr Verständnis erhoffen?
Mediantin: Natürlich. Das hat er doch mitbekommen, wie schwer das war. Aber in letzter Zeit scheint ihm das alles egal zu sein.
Mediator: Das klingt etwas resignierend. Also nicht nur nach Ärger, sondern auch nach Trauer.
Mediantin: Ja, Trauer. Aber das ist noch ein anderes Thema.
Mediator: Möchten Sie Ihrem Mann einmal sagen, was Sie so traurig macht? Was würden Sie sich denn von ihm wünschen?
Mediantin (zu ihrem Mann): Dass wir wieder mehr miteinander sprechen. Dass du dir mehr Zeit für uns nimmst. Dass du mir mal erzählst, warum du in letzter Zeit so verschlossen bist. Ich hab richtig Angst, dass wir uns in den letzten Jahren auseinander gelebt haben.

Ausgangspunkt dieses Dialoges ist ein Vorwurf, den der Mediator aufnimmt und widerspiegelt. Er greift aber nicht nur den Vorwurf auf, sondern auch das ihn begleitende Gefühl des Ärgers. Denn er spürt: Der Ärger ist so stark, dass dahinter mehr stecken muss. Er weiß aber noch nicht, was. Das Widerspiegeln des Gefühls signalisiert der Frau ein hohes Maß an Verständnis seitens des Mediators. Sie lässt sich mit dem Satz „In letzter Zeit...“ aus der Reserve locken. Wieder fasst der Mediator nach. Diesmal spiegelt er nur das Gefühl Resignation/Trauer, das vom ursprünglichen Vorwurf und dem damit verbundenen Ärger wegführt. Die Frau bestätigt dem Mediator, dass er zwischen ihren Zeilen richtig (nein, nicht gelesen, sondern:) gefühlt hat. Trauer, das ist ein anderes Thema. Ist es DAS Thema? Der Mediator macht der Frau Mut, dieses andere Thema zu benennen. Das empathische Nachfragen des Mediators schafft der Frau den Raum, die Katze aus dem Sack zu lassen: Sie hat Angst, dass die Ehe hochgradig gefährdet ist. Von hier ist der Weg zu ihrem Bedürfnis, nämlich eine Auszeit zu haben („Weltreise“), um wieder zusammenzufinden, nicht weit.

Mediationsausbilder weisen in ihren Seminaren gebetsmühlenartig darauf hin, dass der Weg zu den Bedürfnissen und Interessen über die Thematisierung der Gefühle führt. Sie müssen deshalb so oft daran erinnern, weil es uns sehr schwer fällt (Männern manchmal mehr als Frauen), wahrgenommene Gefühle auch auszusprechen. Nehmen wir einmal folgenden Satz eines Medianten: „Es ist mir ganz und gar unwohl dabei, einen Untermieter zu nehmen!“ Es fällt uns sicher leichter, darauf mit der Frage zu reagieren „Wieviele Zimmer hat denn Ihr Haus?“, also auf der Sachebene zu bleiben, als zu fragen: „Unwohl – es ist Ihnen also unangenehm. Was verbirgt sich dahinter?“ Diese Frage kann sehr intim werden, wenn der Mediant z. B. eine Blasenschwäche hat und durch einen Untermieter die Toilette blockiert sieht. Aber diese Frage bringt uns den verborgenen Interessen (und damit auch den möglichen Lösungsoptionen) viel näher als die Frage nach der Anzahl der Zimmer.

Weil also der direkte Weg von den postulierten Positionen („Ich will eine Weltreise machen!“ – „Ich will das Geld für die Kinder sparen!“) zu den eigentlichen Bedürfnissen („Ich will unsere Beziehung erneuern“ – „Ich muss mich neuen beruflichen Herausforderungen stellen“) oft verstellt ist, thematisieren wir die ausgesprochenen und erahnten Gefühle, weil sie uns unweigerlich zu den Bedürfnissen führen. Der Weg von P nach B führt über G! Für den Mediator ist allerdings wichtig, dass die Gefühle (anders als z. B. in der Therapie) nicht Selbstzweck sind, sondern eine notwendige Brücke zu den Bedürfnissen darstellen. Sie werden deshalb auch nicht direkt bearbeitet oder vertieft.

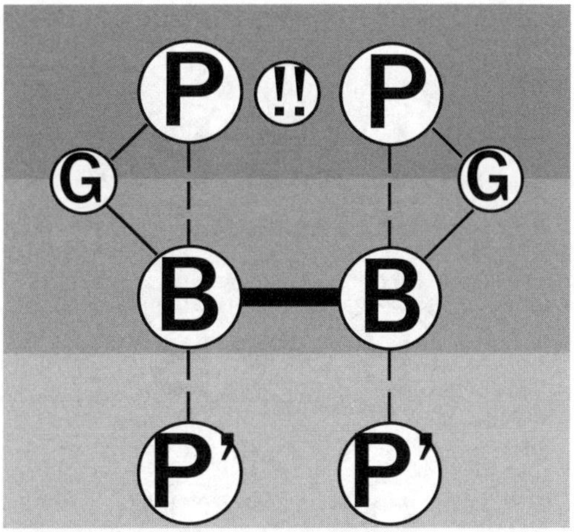

Der Weg von den Positionen zu den Bedürfnissen führt über die Gefühle. Die unterschiedlich gerasterten Flächen stellen übrigens die Phasen 2-4 einer Mediation dar.

Wir wollen die Dinge nicht komplizierter machen als sie sind, aber unsere „Meisterformel“ muss noch um ein letztes Element ergänzt werden. So schwer nämlich oft der direkte Weg von P nach B ist, so problematisch kann es werden von B nach P’, also von den Bedürfnissen zu den neuen, verträglichen Positionen.

Im Idealfall steht am Ende der Konflikterhellungsphase die Erkenntnis, trotz unterschiedlicher Ausgangspositionen gemeinsame Bedürfnisse/Interessen zu haben. Zumindest jedoch muss bei immer noch unterschiedlichen Bedürfnissen/Interessen ein grundlegendes Verständnis für die Bedürfnisse der anderen Seite gewachsen sein. Nur so können die Parteien (vom Konfliktgegner zum Konfliktpartner – Sie erinnern sich) gemeinsam an annehmbaren Lösungen arbeiten.

Aber wie? Mit welchem Werkzeug erzielen die Parteien die besten Ergebnisse?

DVD 05

An dieser Stelle, nämlich am Anfang der Konfliktlösungsphase, ist das Brainstorming das Mittel erster Wahl. Die Methode wird auf Seite 133 ausführlich erklärt. Hier sei nur so viel gesagt, dass das (richtig eingeführte und durchgeführte) Brainstorming einen gemeinsamen Kreativitätsprozess in Gang setzt. Sein spielerischer Ansatz weitet den Optionshorizont oft ganz beträchtlich und fordert Konfliktparteien in positiver Weise zu konstruktiven, maßgeschneiderten Lösungen heraus.

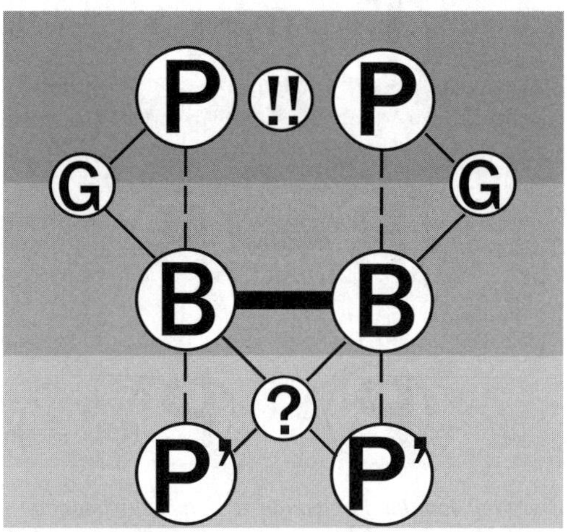

Jetzt ist das Schaubild endlich komplett: Der Weg von den Bedürfnissen zu guten neuen Positionen führt über das Brainstorming, hier durch ein Fragezeichen gekennzeichnet.

So könnte das Ehepaar in unserer Beispielsgeschichte neben dem „kleinen" Urlaub einen ganzen Strauß weiterer Maßnahmen zur Förderung ihrer Beziehung vereinbaren: Kino- und Konzertbesuche... gemeinsamer fernsehfreier Abend zu Hause... gemeinsames Kommunikationstraining...
Auch die Idee des Catering-Service, schon lange der Traum des Mannes, lässt sich durch weitere Maßnahmen ausbauen und ergänzen: Fortbildungen auf dem Weg in die Selbständigkeit für sie und ihn... Urlaub als kulinarische Reise für neue Rezeptanregungen...

Das ist das „Bonusmaterial" in der Mediation, das durch die Kreativzeit des Brainstormings freigesetzt wird und auf das man nicht verzichten sollte. So halten wir abschließend fest: Der Weg zu guten neuen Positionen führt über einen gemeinsamen Arbeitsprozess, der spielerisch beginnt, um interessante und individuelle Lösungen in den Blick zu bekommen. Die Ideen des Brainstormings werden dann auf ihre Machbarkeit abgeklopft und an den herausgearbeiteten Bedürfnissen gemessen: Wurden alle wichtigen und legitimen Interessen beider Seiten berücksichtigt? Dann ist die Mediation auf dem Weg zu ihrem erfolgreichen Abschluss.

12 Vorteile einer Mediation

- Konfliktparteien bleiben Herr ihres Verfahrens: Sie behalten Verantwortung und delegieren sie nicht.
- Das Verfahren ist vertraulich und persönlich. Beziehungen werden verbessert, bleiben erhalten.
- Das Ergebnis ist fair und sachgerecht.
- Die Lösungen können kreativ, individuell und unkonventionell sein.
- Psychischer Stress wird vermieden oder reduziert.
- Das Preis-/Leistungs-Verhältnis ist günstig.
- Konflikte können zeitnah und schnell bearbeitet werden.
- Nicht Macht, Beziehungen oder Rechtsanspruch entscheiden, sondern der Konsens.
- Die Vereinbarungen sind meistens nicht nur zufriedenstellend, sondern auch besonders dauerhaft.
- Das Verfahren ist zukunftsorientiert. Nicht wer schuld war, ist wichtig, sondern wie das Problem gelöst werden kann.
- Die Fähigkeit, Konflikte eigenständig zu lösen, wird gestärkt.
- Alle am Konflikt Beteiligten werden einbezogen.

Mediation – für wen?

- **Familie:**

Trennung, Scheidung,
Erbschaftsstreitigkeiten,
Generationskonflikte...

- **Nachbarschaft:**

Mietstreitigkeiten, Haustiere,
Lärmbelästigungen, Grenzbebauungen...

- **Arbeit:**

Mobbing, Teamkonflikte,
Beziehungskonflikte,
Geschäftspartner, Verträge

- **weitere Anwendungsbereiche:**

Politik, Wirtschaft,
Kultur, Ökologie, Kirche,
Strafrecht (Täter-Opfer-Ausgleich),
Interkulturelle Konflikte

Allparteilich ist mehr als neutral

Die Rolle des Mediators

1. „Zugewandte Distanz"

Bei den vier Dimensionen der Mediation (S. 36 ff.) stellten wir fest, dass die Haltung des Mediators entscheidend zum Lösungserfolg beiträgt. Zur Grundhaltung des Mediators gehört die Allparteilichkeit. Das Wort allparteilich soll ausdrücken: Der Mediator oder die Mediatorin ist mehr als neutral. Mit Neutralität verbindet sich Distanz. Und obwohl MediatorInnen Distanz wahren müssen, um nicht vom Konflikt eingefangen und angesteckt zu werden, sollen sie doch jeder Partei empathisch zugewandt sein. Am besten lässt sich dieser Spagat am Beispiel eines Beraters verdeutlichen, der zwei Parteien freundschaftlich verbunden ist.

Nehmen wir einmal an, Peter und Erika, die sich um das Portät ihrer Mutter streiten (S. 14), wären gute Freunde von Ihnen. Sie kennen beide etwa gleich lange und wünschen beiden von Herzen das Beste. Sie würden dann als VermittlerIn nicht nur wie ein Richter nach den objektiven Sachverhalten fragen, sondern hätten sowohl die Hintergründe/Motive der Streitenden als auch ihr Wohl und ihre zukünftige Beziehung im Auge. Sie wären beiden herzlich und wohlwollend zugewandt, könnten dadurch beide Seiten verstehen, könnten gewissermaßen für beide Seiten Partei ergreifen und hätten doch als Unbeteiligte(r) eine gewisse Distanz zu diesem Konflikt. (Das wäre z. B. nicht mehr der Fall, wenn die beiden ihre Geschwister wären, weil es ja in diesem Fall um einen Geschwisterkonflikt geht.)

MediatorInnen schweben also nicht unbeteiligt und innerlich gleichgültig über dem Konflikt, sondern versetzen sich mit einer gewissen Leidenschaft in die Rolle der Medianten. Sie nehmen ihre Standpunkte und Interessen ernst. Sie wollen verstehen und zeigen Verständnis.

Zur Allparteilichkeit der MediatorInnen gehört jedoch auch, sich von keiner Seite instrumentalisieren zu lassen. Der Versuch wird von den Medianten schnell gemacht, gerade weil sie sich gut verstanden fühlen: „Sagen Sie doch mal meinem Mann, dass er nicht ständig..." – „Sicher sind Sie auch der Meinung, dass..." Solchen Versuchen, den Mediator oder die Mediatorin auf die eigene Seite zu ziehen, muss schon im Ansatz widerstanden werden, z. B. so:

Mediantin: Sagen Sie doch mal meinem Mann, dass er nicht ständig die Kinder vorschieben soll. Er soll endlich mal zugeben, dass es ihm in Wirklichkeit um sich selber geht.
MediatorIn: Sie glauben, ihr Mann benutzt die Kinder als Vorwand und verfolgt in Wahrheit seine eigenen Interessen.

oder:

Mediant: Herr S., sagen Sie doch selbst: Ist es nicht einfach skandalös, wie meine Frau das Besuchsrecht unterläuft?!
MediatorIn: Ich merke, Sie sind sehr empört darüber, dass sich ihre Frau nicht an die vereinbarten Besuchszeiten hält.

In beiden Fällen weist der Mediator den Versuch ab, auf eine Seite gezogen zu werden, ohne andererseits das Anliegen der MediantInnen zu ignorieren. Er tut dies in diesen Fällen dadurch, dass er das Gesagte spiegelt, sich dabei aber jeder eigenen Wertung enthält. Würde er im zweiten Beispiel antworten: „Das kann ich gut verstehen, dass Sie empört sind...", würde er seine Allparteilichkeit aufgeben. Das Spiegeln zeigt, dass die Empörung wahrgenommen wurde. Der Mediant fühlt sich verstanden, auch wenn der Mediatior sich nicht solidarisiert. Natürlich müsste er diese „zugewandte Distanz" auch dann wahren, wenn er im Innersten die Empörung

Der Mediator beurteilt nicht und verurteilt nicht.

teilte. Der Mediator beurteilt nicht und verurteilt nicht, auch wenn er dazu direkt aufgefordert wird:

Mediant: Jetzt sagen Sie mal, wer hat nun Recht, ich oder meine Frau?!
MediatorIn: Als MediatorIn gehört es nicht zu meinen Aufgaben festzustellen, wer von ihnen beiden Recht hat. Darum geht es im Augenblick auch gar nicht. Viel wichtiger ist es, nach vorne zu schauen, damit wir für die Zukunft eine sachgerechte und gute Lösung finden...

2. MediatorInnen sind verantwortlich für den Arbeitsprozess, nicht für den Inhalt

Es ist nicht die Aufgabe des Mediators oder der Mediatorin, Lösungen für den anstehenden Konflikt zu finden oder die Parteien inhaltlich zu beraten. (Einschränkungen zu dieser „reinen Lehre“ sind angebracht, vor allem wenn man die Mediation in der internationalen Praxis betrachtet.) Die MediantInnen sind die Experten ihres eigenen Konflikts. Deshalb sind Lösungen sachgerechter und haltbarer, wenn sie von den Parteien kommen. Als Prozessverantwortliche („Prozess“ im Sinne von „Mediationsverfahren“ / „Kommunikationsprozess“) haben die MediatorInnen ohnehin alle Hände voll zu tun:

■ Sie helfen den Beteiligten, ihre eigenen Bedürfnisse und Interessen zu klären. Oft sind es die interessierten Rückfragen der MediatorInnen, die den Parteien ihre eigenen zugrundeliegenden Bedürfnisse erst bewusst machen.

■ Sie stellen sicher, dass diese Bedürfnisse/Interessen gegenseitig gehört und verstanden werden. Dazu gibt es verschiedene Methoden, z. B. den Perspektivenwechsel durch Stuhltausch (vgl. S. 123). MediatorInnen können die Parteien jederzeit dazu auffordern, ihr gegenseitiges Hören und Verstehen unter Beweis zu stellen. („Wenn Sie jetzt sagen 'Ja, das verstehe ich gut', was meinen Sie damit genau? Können Sie Ihrem Partner einmal genau sagen, was Sie da verstanden haben?“)

- Sie achten auf die Einhaltung der Mediationsregeln (vgl. Kap.7).
- Sie achten auf die Durchführbarkeit der Vereinbarungen.
- Sie versuchen, die Konfliktressourcen der Parteien zu stärken („Empowerment"). Das geschieht z. B. durch ermutigende, lobende Bemerkungen, und zwar nicht nur zu Beginn und am Ende einer Mediationssitzung, sondern kontinuierlich, wenn sich Gelegenheiten dazu bieten:

Ich bin beeindruckt davon, wie es Ihnen immer besser gelingt, aufeinander zu hören...
Ich freue mich über Ihren fairen Verhandlungsstil. So werden Sie sicher schnell gute und für beide Seiten vorteilhafte Ergebnisse erzielen...
Ich finde es prima, dass Sie über diesen Punkt bereits Einigung erzielt haben...

3. MediatorInnen kommunizieren mit allen Sinnen

Mediation ist ganz weitgehend ein kommunikativer Prozess. Deshalb gehören Kommunikationstechniken zur Mediation wie das kleine und große Einmaleins zur Mathematik. Das kleine Einmaleins besteht aus dem Aktiven Zuhören (Inhalte aufnehmen, das Gehörte wiedergeben, das Gehörte überprüfen), dem Senden von Ich-Botschaften und Offenen Fragen, dem Visualisieren (Konflikte optisch transparent machen) und dem Brainstorming. Zum großen Einmaleins gehören indirekte Ich-Botschaften, Reframing sowie die Beherrschung und Anwendung weiterer kommunikativer Methoden z. B. aus der Themenzentrierten Interaktion, der Transaktionsanalyse, der Moderation, der Supervision oder der Klientenzentrierten Gesprächsführung. Die wichtigsten dieser Methoden werden in Kapitel 12 ausführlich erklärt.

Kommunikationstechniken gehören zur Mediation wie das kleine und große Einmaleins zur Mathematik.

Mediatoren kommunizieren mit allen Sinnen. Sie hören und sprechen, sie beobachten die Körpersprache der Medianten und setzen ihre eigene Körpersprache gezielt ein. Sie entwickeln einen sechsten Sinn für das eigentliche Anliegen der Parteien, das oft so sorgfältig hinter den Positionen versteckt wird. Nach außen strahlen MediatorInnen Ruhe und Optimismus aus. Sie halten aufmunternden Blickkontakt zu beiden Parteien, sie lächeln und setzen wohldosierten Humor ein, um entspanntere, ehrlichere Gespräche zu ermöglichen. Innerlich sind MediatorInnen sehr wachsam und konzentriert, sitzen (aber bitte wirklich nur innerlich) auf der Stuhlkante und versuchen, jedes Wort, jede Geste, jeden Blick, jeden Tonfall wahrzunehmen. In Sekundenbruchteilen gilt es zu entscheiden, was das alles zu bedeuten hat, was vom Wahrgenommenen wiedergegeben oder für später abgespeichert werden soll, wo sofort oder später nachgefragt werden muss.

Bei allem aber gilt jedoch das, was jeden guten Berater, Therapeuten, Supervisor oder Seelsorger auszeichnet: Ein Mediator sorgt auch für sich selbst. Bei aller Empathie und Zuwendung muss die Distanz erhalten bleiben, die Hilfe überhaupt erst ermöglicht. Im Bild gesprochen: Wer anderen einen Rettungsring zuwerfen möchte, braucht selber einen festen Stand. Dem Rettungsring hinterherzuspringen wäre der größte Fehler. Deshalb dürfen sich MediatorInnen nicht von den dramatischen oder emotionalen Anteilen des Konflikts gefangen nehmen lassen. Es ist ein schmaler Grad und eine große Herausforderung, sich ganz mitfühlend und verständnisvoll in den Konflikt hineinzubegeben und dabei doch die kritische und helfende Distanz zu bewahren.

Deutsches Mediatongesetz –
wichtige Aussagen zur Rolle des Mediators

Ein Mediator ist eine unabhängige und neutrale Person ohne Entscheidungsbefugnis, die die Parteien durch die Mediation führt.

Der Mediator vergewissert sich, dass die Parteien die Grundsätze und den Ablauf des Mediationsverfahrens verstanden haben und freiwillig an der Mediation teilnehmen.

Der Mediator ist allen Parteien gleichermaßen verpflichtet. Er fördert die Kommunikation der Parteien und gewährleistet, dass die Parteien in angemessener und fairer Weise in die Mediation eingebunden sind.

Die Parteien können die Mediation jederzeit beenden. Der Mediator kann die Mediation beenden, insbesondere wenn er der Auffassung ist, dass eine eigenverantwortliche Kommunikation oder eine Einigung der Parteien nicht zu erwarten ist.

Der Mediator hat den Parteien alle Umstände offenzulegen, die seine Unabhängigkeit und Neutralität beeinträchtigen können. Er darf bei Vorliegen solcher Umstände nur als Mediator tätig werden, wenn die Parteien dem ausdrücklich zustimmen.

Als Mediator darf nicht tätig werden, wer vor der Mediation in derselben Sache für eine Partei tätig gewesen ist.

Der Mediator ist verpflichtet, die Parteien auf deren Verlangen über seinen fachlichen Hintergrund, seine Ausbildung und seine Erfahrung auf dem Gebiet der Mediation zu informieren.

Der Mediator und die in die Durchführung des Mediationsverfahrens eingebundenen Personen sind zur Verschwiegenheit verpflichtet, soweit gesetzlich nichts anderes geregelt ist. Diese Pflicht bezieht sich auf alles, was ihnen in Ausübung ihrer Tätigkeit bekannt geworden ist.

Der Mediator stellt in eigener Verantwortung durch eine geeignete Ausbildung und eine regelmäßige Fortbildung sicher, dass er über theoretische Kenntnisse sowie praktische Erfahrungen verfügt, um die Parteien in sachkundiger Weise durch die Mediation führen zu können.

Das Deutsche Mediationsgesetz wurde am 21. Juli 2012 einstimmig (!) vom Bundestag beschlossen und ist am 26.7.12 in Kraft getreten.

Ein Schritt nach dem anderen – auf die Reihenfolge kommt es an

Die Phasen der Mediation

Der Erfolg einer Mediation beruht zu einem nicht geringen Teil auf dem Einhalten der folgenden fünf Kernphasen, wie sie bereits auf S. 38 kurz beschrieben worden sind:

1. Einleitung
2. Konfliktdarstellung
3. Konflikterhellung / -vertiefung
4. Lösungssuche
5. Vereinbarungen

In der Einleitung werden Informationen gegeben, Regularien besprochen, Gesprächsregeln vereinbart. In dieser Phase können die Medianten Fragen zum Verfahren stellen und weitere Vereinbarungen treffen (z. B. Zeiten, Pausen, Rauchen). In dieser Phase hat der Mediator oder die Mediatorin den Hauptanteil am Gespräch. Obwohl diese Phase zügig abgearbeitet werden soll, schiebt sie sich doch vor den Konflikt: Die Streitparteien müssen es miteinander aushalten, müssen sogar Dinge miteinander besprechen und vereinbaren, ohne dass der eigentliche Konflikt schon bearbeitet wird. Diese Verlangsamung des Prozesses hat den Vorteil, dass Nervosität abgebaut und ein sachlich-ruhiges Arbeitsklima geschaffen wird.

In der zweiten Phase kommen die Medianten zu Wort. Sie sollen ihre

Sichtweise zusammenhängend und ungestört darlegen können. Das ist ihnen vermutlich bisher noch nicht gelungen, weil Konfliktparteien sich gegenseitig gerne und viel unterbrechen. Die Parteien tragen nacheinander die Hauptlast des Gesprächs, die MediatorInnen hören aktiv zu. Diese Phase ist für die Parteien wohltuend, soweit sie selber vortragen dürfen und spannungsreich, soweit sie zuhören müssen, ohne ihre Sicht korrigierend vortragen zu können. Hier kann der Konflikt noch einmal so richtig ausbrechen, hier können (und sollen) die Streitenden Gelegenheit bekommen, Dampf abzulassen und ihrem Ärger und ihrer Frustration Luft zu machen. Der Mediator oder die Mediatorin achtet darauf, dass die Gesprächsregeln (vgl. S. 75) eingehalten werden, aber die emotionalen Anteile des Streits dürfen ruhig sichtbar werden. Gelegentlich beginnt aber durch das zusammenhängende „Plädoyer" der Parteien hier schon, was Ziel der 3. Phase ist, nämlich wachsendes Verständnis für die Situation der anderen Seite.

vgl. zu diesem Kapitel das Kommunikationsmodell der Mediation, S. 62

In der dritten Phase sind die Gesprächsanteile ausgewogen. Alle Gesprächsteilnehmer versuchen gemeinsam, die Hintergründe des Konflikts sowie die Bedürfnisse und die Interessen der Parteien herauszuarbeiten. Häufig kommt es im Verlauf dieser Phase zu einem Wendepunkt. Die Wende kann z. B. eingeleitet werden durch Formulierungen wie „Das hast du mir aber noch nie gesagt..." oder „Das war mir gar nicht bewusst, dass Sie..." oder „Jetzt verstehe ich erst, warum Sie damals..." oder „Ja, wenn das so ist, dann sieht die Sache allerdings ganz anders aus." Das plötzliche Verstehen oder das langsame Begreifen verändert die Einstellung der Kontrahenten zueinander zum Positiven, führt zu einer Neubewertung des Konflikts und ist oft die Basis für neue Lösungsmöglichkeiten.

Am Ende der dritten Phase sind die Konfliktgegner zu Konfliktpartnern geworden (vgl. S. 26). Nun können sie gemeinsam nach Lösungen suchen.

Der Mediator oder die Mediatorin nimmt sich in dieser Phase inhaltlich zurück. Er oder sie verwandelt sich nun mehr in einen Moderator, der den beiden Parteien hilft, gute Lösungen zu erarbeiten. Gemeinsam werden die Lösungen diskutiert und bewertet, auf ihre Durchführbarkeit und Effizienz, Fairness und Stabilität hin untersucht.

Nachdem sich die Parteien auf gemeinsame Lösungen geeinigt haben, gilt es, Vereinbarungen zu formulieren, zu verschriftlichen und zu unterschreiben. In dieser fünften Phase hat der Mediator wieder nur moderierende Aufgaben, inhaltlich stehen die Medianten im Austausch.

Es gibt mehrere Versuchungen, die beschriebenen, genau festgelegten Phasen umzustellen oder abzukürzen. Aber jede scheinbare Abkürzung könnte eine Mediation zum Scheitern bringen.

1. Versuchung: Das Vereinbaren von Gesprächsregeln überspringen

Ist es wirklich notwendig, Regeln wie „Ausreden lassen" oder „Gegenseitiger Respekt" zu vereinbaren? Ja, das ist es! Konfliktparteien werden sich unweigerlich fortlaufend unterbrechen und bei ihren verbalen Angriffen in der Wortwahl nicht zimperlich sein. Da ist es sehr hilfreich, auf die vereinbarten Regeln verweisen zu können. Es ist auch nicht ratsam, Regeln erst aus gegebenem Anlass, also erst im Laufe der Mediation zu vereinbaren. Nachträgliche Vereinbarungen haben nicht diesselbe Kraft und schwächen die Leitungsautorität der MediatorInnen.

Die Gesprächsregeln werden ausführlich in Kap. 7 vorgestellt.

2. Versuchung: Darstellung der Sichtweisen überspringen

Weil das Ausredenlassen so schwer ist und manchmal auch vom Mediator schwer durchzusetzen ist, liegt die Versuchung nahe, gleich in die Konflikterhellung einzutreten. Dadurch werden die negative Streitgewohnheiten der Parteien jedoch nicht unterbrochen und es findet keine Deeskalation des Konflikts statt. Auch wenn es den Streitparteien oft nicht bewusst wird: Auf die gegenseitige Positionen zu hören, den anderen ausreden zu lassen und ihn sein Problem zusammenhängend darstellen zu lassen, sind bereits Ausdruck von Wertschätzung und Respekt, auch wenn die Meinungen weit auseinander klaffen.

3. Versuchung: Problemlösungsphase zu früh einleiten

Im Laufe der Konflikterhellung und -vertiefung (manchmal sogar schon in der Konfliktdarstellungsphase) bieten die Parteien Lösungen an. Wenn diese von der Gegenseite auch noch schnell aufgegriffen werden, ist die Versuchung groß, sofort die Lösungsphase einzuleiten. Aber es besteht die große Gefahr, dass die Medianten ihre Haltung zueinander noch nicht so weit verändert haben, dass ein gutes Arbeiten an Lösungen möglich wird. Die Gefahr wäre dann, dass die vorgeschlagene Lösung doch nicht trägt und die Parteien frustrierter (und eventuell zorniger) sind als vorher. Außerdem: Wie wir gesehen haben (vgl. S. 45 ff.), kommen gute Lösungen erst in Sicht, wenn die hinter dem Konflikt stehenden Bedürfnisse und Interessen herausgearbeitet worden sind. Je sorgfältiger die dritte Phase abgearbeitet wird, desto besser werden die Lösungen.

4. Versuchung: Vereinbarungen ohne Brainstorming treffen

Manchmal liegt eine Lösung auf der Hand. Warum also noch einen so zeitraubenden Prozess wie ein Brainstorming durchführen? In Kap. 3 (S. 46) sprachen wir vom „Bonusmaterial" der Mediation. Durch das Brainstorming könnten zwei gute Dinge passieren: Erstens könnte sich herausstellen, dass die offensichtliche, auf der Hand liegende Lösung doch nicht die beste ist.

Zweitens könnten durch das Brainstorming zusätzliche Optionen gefunden werden, die die offensichtliche Lösung ergänzen und unterstützen.

5. Versuchung: Vereinbarungsphase weglassen

Zum Ende einer Mediation entsteht oft ein Zeitdruck. Er kann dazu führen, dass man ein gutes Brainstorming gemacht hat, auch zu guten, für beide Seiten akzeptablen Lösungen gekommen ist und die Mediation nun aus Zeitnot (oder aus Erschöpfung oder „weil's nicht mehr so spannend ist") abbricht. Aber der Teufel steckt im Detail, wie das Sprichwort weiß. Das heißt: Bei der konkreten Ausarbeitung der angedachten Lösungen können noch ganz unvermutete Schwierigkeiten auftauchen und so den Mediationserfolg gefährden. Gerade für die Vereinbarungsphase sollte man sich genügend Zeit lassen, um die verdienten Früchte der Lösungsphase auch ernten zu können!

6. Versuchung: In die nächste Phase springen, ohne die vorhergehende sauber abgearbeitet zu haben

Woher weiß ich, wann eine Mediationsphase abgeschlossen ist? Dazu finden Sie in den Kapiteln 7-11, die den einzelnen Phasen gewidmet sind, die notwendigen Hinweise. Hier genügt es, noch einmal abschließend zu sagen, dass sich die Phasen der Mediation und ihre Reihenfolge ausgezeichnet bewährt haben und eingehalten werden sollten. Es kann z.B vorkommen, dass in der Lösungsphase plötzlich ein Thema auftaucht, das für den Konflikt von großer Wichtigkeit ist. Dann gilt nicht die Devise „Augen zu und durch" – vielmehr heißt es, in den sauren Apfel zu beißen und zurückzugehen in die Konflikterhellungsphase und die Medianten das Thema bearbeiten lassen. Nur so habe ich die Gewähr, dass sie in der Lösungsphase die geeigneten Optionen finden und verhandeln können.

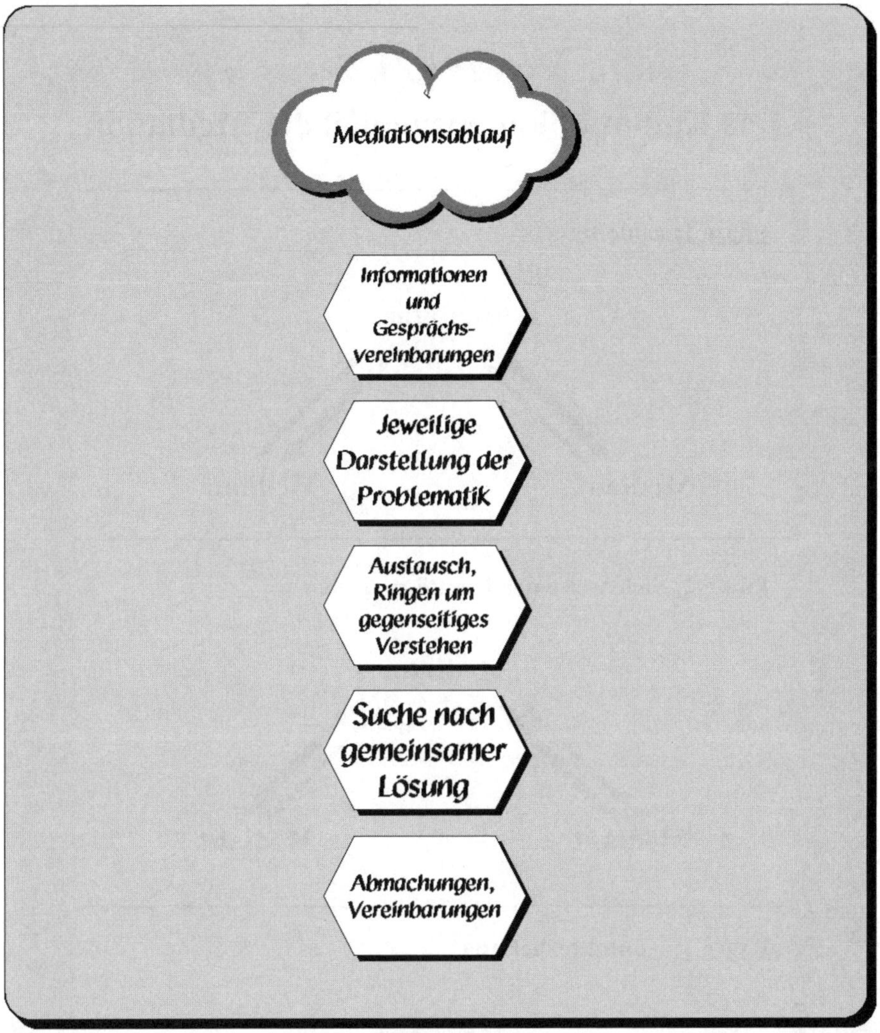

Ich habe im Laufe der Jahre die Erfahrung gemacht, dass es den Parteien hilft, den Ablauf einer Mediation ständig vor Augen zu haben. Mit einer Klammer markiere ich, in welcher Phase wir uns gerade befinden. So werden die MediantInnen an die Ziele und Aufgaben der einzelnen Phasen erinnert und können sich zielorientierter an ihrer Abarbeitung beteiligen.
Diese Formulierungen der Phasen haben sich bewährt. Insbesondere wird den Parteien deutlich, dass das Hauptziel der dritten Phase (Konflikterhellung und gegenseitiges Verständnis) eventuell mit harter Arbeit („Ringen“ um Verstehen) verbunden ist (vgl. S. 86 ff.).

Das Kommunikationsmodell der Mediation

Phase 1: **Einleitung**

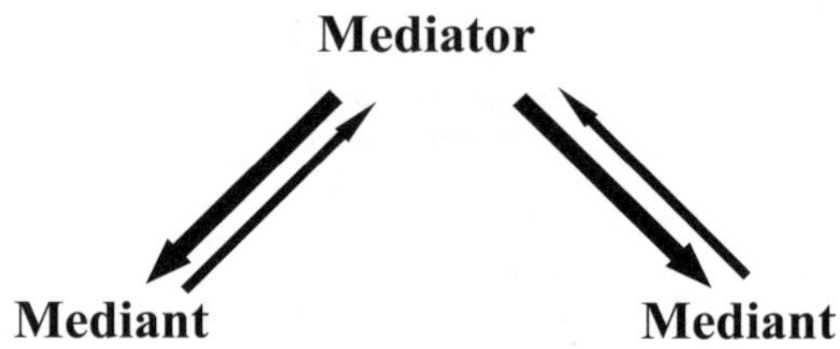

Phase 2: **Sichtweise der Konfliktparteien**

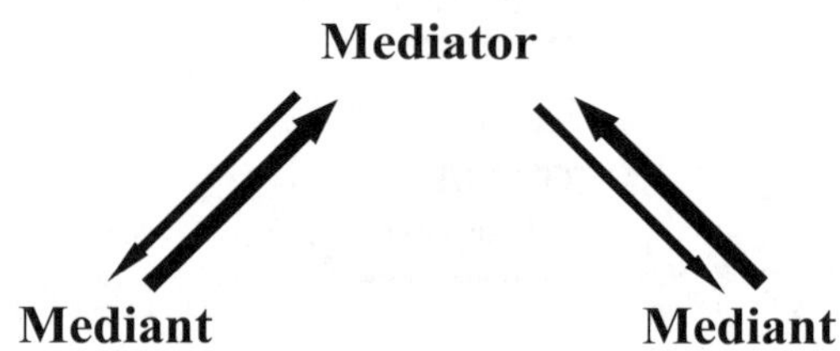

Phase 3: **Konflikterhellung**

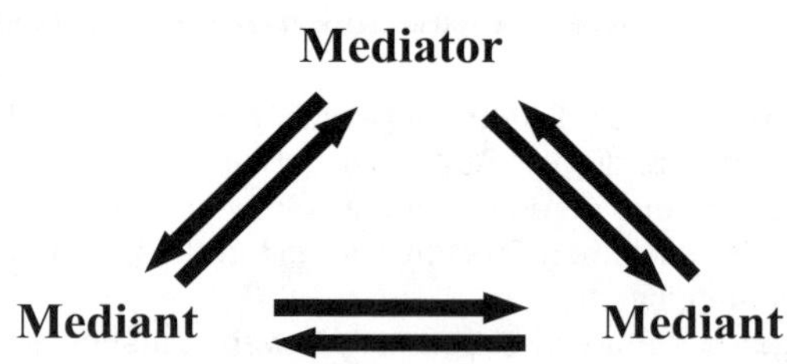

Phase 4: **Problemlösung**

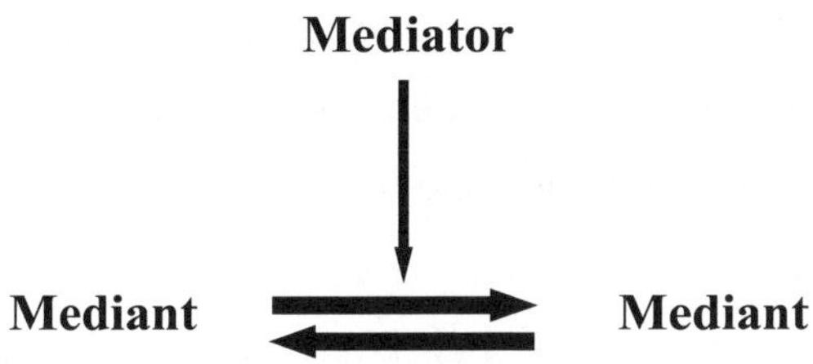

Phase 5: **Übereinkunft**

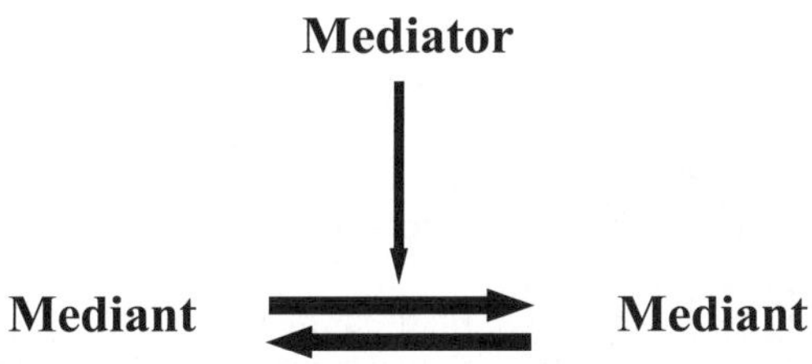

Das Schaubild zeigt die Kommunikationsschwerpunkte in den fünf Kernphasen der Mediation. Die Pfeile deuten an, in welche Richtung die Kommunikation vorwiegend geht. Die Stärke der Pfeile zeigt die Gesprächsanteile an. Während also in Phase 1 die MediatorInnen die meisten Gesprächsanteile haben und die MediantInnen so gut wie gar nicht miteinander sprechen, ist es in Phase 5 umgekehrt: Hier sind vorwiegend die MediantInnen im Dialog und die MediatorInnen leiten nur das Gespräch.

Es geht schon los, bevor es losgeht

Das Vorgespräch

DVD 01

Die folgenden Kapitel geben hilfreiche Hinweise auf die vielen Dinge, die in den einzelnen Phasen einer Mediation zu beachten sind. Als Demonstrationsbeispiel soll das Rollenspiel dienen, das auch der ergänzenden Lehr-DVD zugrundeliegt.

Der Mediator erhält einen Anruf von Frau Lauber: Frau Lauber ist seit einem knappen Jahr Abteilungsleiterin im Möbelhaus Knabe & Co. Die Firma hat fünf Filialen und verkauft vor allem hochwertige Küchen- und Wohnzimmereinrichtungen. Frau Lauber ist Vorgesetzte von sechs Mitarbeiterinnen, die alle Korrespondenz mit den Kunden erledigen. Nun hat sie massive Probleme mit einer ihrer Mitarbeiterinnen. Weil das Möbelhaus nicht weit vom Mediationsstudio des Mediators entfernt ist, vereinbaren die beiden ein persönliches Gespräch.

In diesem Gespräch erläutert Frau Lauber den Konflikt: Ihre Abteilung ist zuständig für Anfragen, Reklamationen, Rechnungslegung, Sonderwünsche, Lieferverzögerungen usw. Sie ist selber Sachbearbeiterin und gleichzeitig Vorgesetzte der anderen Mitarbeiterinnen der Abteilung.

Frau Lauber hat eine Telefonhotline für Reklamationen mit hohem Streitwert eingerichtet. Ihr Verhältnis zu den Mitarbeiterinnen ist gut, nur mit Frau Solenz versteht sie sich schlecht. Frau Solenz hatte nämlich die Abteilung, nachdem der alte Abteilungsleiter in Rente ging und bevor Frau Lauber kam, ein halbes Jahr lang kommissarisch geführt. Die Geschäftsleitung war damals zunächst offen dafür gewesen, Frau Solenz mit der Leitung der Abteilung zu betrauen, aber weil sie einige gravierende Fehler machte, entschied man sich für eine neue, höher qualifizierte Kraft – sehr zur Enttäuschung von Frau Solenz, die auch gut mit den Kolleginnen auskam und sich große Hoffnungen auf die Abteilungsleiterstelle gemacht hatte.

Die letzten zwei Wochen nun hatte Frau Lauber zum ersten Mal Urlaub, und Frau Solenz sollte sie vertreten. In dieser Zeit kam es zu einer Auseinandersetzung zwischen Frau Solenz und Frau Ehlers, einer Mitarbeiterin, die mit Frau Solenz nicht gut konnte, mit der neuen Abteilungsleiterin dafür umso besser. Frau Ehlers war von Frau Lauber an der Telefonhotline eingesetzt worden, weil sie nervenstark, geduldig und wortgewandt war. Allerdings ist sie auch eine starke Raucherin und braucht viele Zigarettenpausen. So verpasste sie mehrere wichtige Reklamationsanrufe und Frau Solenz beschloss, diese Frau (nach Rücksprache mit der Geschäftsführung) von der neu geschaffenen Aufgabe wieder zu entbinden.

Frau Lauber versteht die Aktion von Frau Solenz als Racheakt für ihre Bevorzugung als Abteilungsleiterin. Der bisher eher unterschwellige Konflikt kommt voll zum Ausbruch. Die Auseinandersetzungen von Frau Lauber und Frau Solenz strahlen bereits auf die ganze Hauptverwaltung aus. So ist Frau Lauber gekommen, um auf Anregung der Geschäftsführung herauszufinden, ob eine Mediation hilfreich wäre. Die Grundfrage lautet: Können und wollen Frau Lauber und Frau Solenz noch zusammenarbeiten und wenn ja, wie?

Keine Konfliktbearbeitung im Vorgespräch

In der Regel findet vor der eigentlichen Mediation ein erster Kontakt zwischen Mediator oder Mediatorin und den Konfliktparteien statt. Oft ist es eine der Parteien, die diesen Kontakt aufnimmt, um den Konflikt mediieren zu lassen oder um herauszufinden, ob der Konflikt über eine Mediation bearbeitet werden kann. Das Gespräch kann telefonisch oder persönlich erfolgen.

In diesem Vorgespräch wird der eigentliche Konflikt noch nicht bearbeitet. Er soll deshalb auch nicht im Detail besprochen werden. Die Versuchung ist groß, vor allem, weil die anwesende Partei ein hohes Rechtfertigungsbedürfnis hat. Je mehr der Mediator oder die Mediatorin von einer Seite im Vorfeld erfährt, desto größer ist die Gefahr, voreingenommen zu werden. Parallel dazu wächst die Gefahr, dass die beim Vorgespräch fehlende Partei in der Mediation Misstrauen gegenüber dem Mediator entwickelt: Was haben die beiden ohne mich bereits besprochen? Ist der Mediator vielleicht schon von den Argumenten meiner Kontrahentin beeinflusst, kann er überhaupt noch neutral sein?

Andererseits geht es ohne ein Maß an Vorinformationen auch nicht ab. Denn das Vorgespräch dient zunächst dazu herauszufinden, ob sich Mediation als Konfliktbearbeitungsverfahren im gegebenen Fall überhaupt eignet. Einen wichtigen Hinweis gibt die Frage: Handelt es sich um einen **benennbaren** Konflikt? Die Mediation braucht nämlich als Ausgangspunkt

Keine Mediation ohne benennbaren Konflikt

einen „Zankapfel", um den man sich streitet – die Positionen eben, die durch die Mediation verändert werden sollen (vgl. S. 40 ff.). Im Fall von Frau Lauber ist der Konflikt benennbar. Der Zankapfel heißt „Frau Ehlers" oder „Hotline" oder auch „Kompetenzstreit". Wenn Frau Lauber gesagt hätte: „Wir haben in der Abteilung ein schlechtes Arbeitsklima", dann wäre diesem Konflikt mit einer Mediation nicht so gut beizukommen. Bessere Mittel wären dann z. B. eine Teamentwicklung oder Konfliktmoderation oder Supervision. Bei einem schlechten Arbeitsklima gibt es kein Für und Wider, kein Ja oder Nein, keine genau definierbaren Positionen. Auch eine gestörte Beziehung ist erst dann ein Mediationsfall, wenn sie sich an einem Zankapfel festmacht. Eine Mediation hat nicht, wie z. B. die Therapie, den Anspruch, eine Beziehung zu heilen, sondern einen konkreten Konflikt in der Beziehung zu lösen. Der Mediator oder die Mediatorin muss die Beziehung zwar in den Blick bekommen, aber immer nur so weit, wie es zur Bearbeitung eines konkreten Konflikts notwendig ist.

Anlass des Streits zwischen Frau Lauber und ihrer Mitarbeiterin Frau Solenz ist die Frage: Durfte Frau Solenz im Urlaub ihrer Vorgesetzten eine so weitreichende Entscheidung treffen und die Hotline-Betreuerin von ihrer Aufgabe entbinden? Dafür gibt es verschiedene Argumente, Positionen, Perspektiven. Natürlich steht die Beziehung der beiden Streitenden im Hintergrund. Diese Beziehung hat großen Einfluss auf den Konflikt. Es wäre jedoch nicht das Ziel einer Mediation, dieses persönliche Verhältnis wieder in Ordnung zu bringen (auch wenn das oft ein angenehmer Nebeneffekt ist). Aber trotz weiter bestehender Antipathien würde die Mediation ihnen Wege aufzeigen, ein funktionierendes Arbeitsverhältnis zu entwickeln, das die fairen Interessen beider Seiten berücksichtigt.

Eine weitere ganz wichtige Frage im Vorgespräch lautet: Wer ist alles am Konflikt beteiligt? Denn eine tragfähige und akzeptable Lösung kann nur gefunden werden, wenn alle betroffenen Personen anwesend sind.

Diese Frage ist nicht immer leicht zu entscheiden. So muss in unserem Beispiel abgeklärt werden, ob noch andere Personen in den Streit involviert sind, z. B. Frau Ehlers. Sie wurde ja versetzt und an ihr hat sich schließlich der Streit entzündet. Nur wenn Frau Lauber glaubhaft machen kann, dass es um das Arbeitsverhältnis zu Frau Solenz geht und Frau Ehlers nur Auslöser des Konflikts, aber nicht Mitbeteiligte ist, kann die Mediation zwischen den beiden Frauen wie gewünscht durchgeführt werden. Sollte sich dann doch herausstellen, dass Frau Ehlers (oder der Firmenchef? oder der Ehemann von Frau Solenz?) eine gewichtige Rolle spielt, müsste die Mediation unter neuen Vorzeichen und unter Beteiligung der entsprechenden Parteien fortgeführt werden.

Eine oft gestellte Frage im Vorgespräch zielt auf die abwesende Partei: Vielleicht weiß sie weder etwas von dem Mediationsverfahren, noch ahnt sie, dass sie an einer Mediation teilnehmen soll, weil die initiierende Partei ja noch auslotet, ob das Verfahren überhaupt sinnvoll ist. Wie also können alle Konfliktparteien zur Teilnahme motiviert werden? Häufig werden die MediatorInnen gebeten, diesen Auftrag zu übernehmen („Herr Schäffer, könnten Sie nicht mal mit meinem Vermieter sprechen? Wenn ich komme, schlägt er schon von weitem die Tür zu.“).

Zur Teilnahme motivieren

Im Interesse eines Verfahrens, das ja zu mündiger, selbständiger Konfliktbearbeitung führen soll, wäre es immer besser, die eine Streitpartei von der anderen zur Mediation einladen zu lassen („Möchten Sie es nicht doch einmal probieren? Es wäre besser, als wenn ein völlig Fremder bei ihm anruft. Wenn er nicht mehr mit Ihnen spricht: Schicken Sie ihm meinen Mediationsprospekt und laden Sie ihn freundlich ein. Schreiben Sie, dass Sie sich in Kürze telefonisch bei ihm melden werden. Vielleicht ist er an einer Konfliktklärung genauso interessiert wie Sie.“). Bevor jedoch an dieser Frage eine Mediation scheitert, sollten MediatorInnen überlegen, ob sie als geschulte Kommunikatoren nicht doch zwischen zwei sehr verfeindeten Parteien eine Brücke bauen können.

Im Vorgespräch gibt nicht nur Frau Lauber Informationen. Auch der Mediator wird (gefragt oder ungefragt) einige wichtige Informationen weitergeben, z. B. zum Ablauf des Verfahrens, zur Rolle des Mediators, zur Frage „Was ist eigentlich Mediation?“. Der Mediator oder die Mediatorin soll keinen langen Vortrag halten, sondern das Wichtigste in kurzen, prägnanten Sätzen zusammenfassen. Dem weniger erfahrenen Mediator empfiehlt es sich, eine Checkliste zusammenzustellen (vgl. S. 71) und darüber hinaus einige Schlüsselsätze auswendig zu lernen oder ebenfalls aufzuschreiben, z. B.:

Checkliste Vorgespräch

Mediation ist ein Verfahren, durch das Konfliktparteien gute Lösungen finden, die beide Seiten akzeptieren können...
Der Mediator ist allparteilich, das heißt, er ist neutral, aber er engagiert sich für beide Seiten und möchte beide verstehen...
Der Ablauf ist einfach: Zunächst dürfen beide Seiten ihre Sicht der Dinge darstellen. Dann versuchen wir die Hintergründe des Konflikts besser zu verstehen. Und schließlich suchen wir nach gemeinsamen, neuen Lösungen...
Wir werden Gesprächsvereinbarungen treffen, die uns helfen werden, in guter Weise miteinander umzugehen...

Besonderer Klärungsbedarf im Vorgespräch besteht beim Thema Finanzen/Vertrag. Diese Fragen sollten unbedingt vor der ersten Mediationssitzung angesprochen werden. Sonst kann es passieren, dass der Mediator oder die Mediatorin noch vor dem eigentlichen Konflikt zwischen den Parteien zur Frage vermitteln muss, wer welchen Anteil der Sitzungen bezahlt.

Die Frage nach der Höhe der Honorare kann hier nicht erörtert werden, zu groß und divers ist das Spektrum. Rechtsanwälte rechnen ihre Mediationen häufig über ihre Gebührenordnung ab. Sozialpädagogen in Beratungseinrichtungen bieten den Service kostenlos an oder berechnen einen geringen Prozentsatz des Gehalts oder eine Beratungsgebühr. Therapeuten, die Mediation anbieten, gleichen ihre Sätze oft ihren Therapiesätzen an. Supervisoren oder Unternehmensberater haben wiederum ihre eigenen Honorare. Eine für Mediatoren verbindliche Gebührenordnung gibt es ebensowenig wie entsprechende Empfehlungen. Hier muss jeder Mediator oder jede Mediatorin selber entscheiden, den Medianten bleibt nur der mühsame und nicht immer mögliche Preisvergleich.

Ähnlich verhält es sich mit der Vertragsgestaltung. Es gibt schriftliche und mündliche Verträge, manchmal wird gar kein Vertrag geschlossen. Entscheidend ist in jedem Fall, dass den Medianten die Freiwilligkeit zugesichert wird. Verträge, die von über 10 Sitzungen ausgehen, erscheinen nicht sinnvoll ohne Ausstiegsklausel.

Zeitrahmen

Im Vorgespräch wird regelmäßig gefragt, wie lange eine Mediation dauert. Diese Frage hat zwei Komponenten. Einmal zielt sie auf die Länge der einzelnen Sitzung, die selten länger als 90 Minuten dauern sollte. Zum anderen zielt sie auf die Anzahl der Sitzungen. Auf diese Frage sollte man ausweichend antworten, weil die Entwicklung des Mediationsprozesses einfach nicht vorausgesagt werden kann. Unscheinbare Konflikte können sich über mehrere Sitzungen hinziehen, gewichtige Konflikte lassen sich manchmal sehr schnell lösen. Jeder Mediator gewinnt gewisse Erfahrungswerte, er kann aber leicht danebenliegen und unnötig geweckte Erwartungen („Da werden wir sicher nur zwei Sitzungen benötigen!") enttäuschen. Sicher ist, dass eine Scheidungsmediation, wenn es um das Besuchsrecht der Kinder, den Ehegattenunterhalt, den Kindesunterhalt, den Hausrat, das Vermögen usw. geht, mehrere Sitzungen benötigt, während eine Mediation zwischen SchülerInnen auch schon mal in zehn Minuten erledigt sein kann. Entscheidend ist wiederum das Prinzip der Freiwilligkeit: Wir beginnen freiwillig, bearbeiten den Konflikt freiwillig und beenden den Arbeitsprozess freiwillig, sobald eine der Parteien oder die MediatorInnen keinen Sinn mehr in der Arbeit sehen.

> **Der Friede der Welt muss in unserem Herzen, in unserem Hause den Ursprung nehmen.**
>
> **Reinhold Schneider**

Wahl des Ortes

Der Ort, an dem die Mediation stattfinden soll, ist ebenfalls von großer Wichtigkeit. So sollten sich Frau Lauber und Frau Solenz nicht im Büro der Chefin treffen, vielleicht noch nicht einmal im Möbelhaus, sondern an einem für beide Parteien neutralen Ort. Das ist umso wichter je mehr von einem etwaigen Beziehungs- und Machtgefälle ausgegangen werden muss (Vater-Kind, Chef-Angestellter, Vereinsvorsitzender-Mitglied usw.). Der Ort sollte ferner die Möglichkeit bieten, Ergebnisse an einer Flipchart oder Präsentationswand zu visualisieren.

Assistent Hoffnung

Konflikte beschweren das Herz, das erfährt jeder Mediator im Vorgespräch. Deshalb ist es bei allen Regularien und Klärungsprozessen wichtig, schon jetzt an das Thema Empowerment zu denken (vgl. S. 36). Die Partei, die in ein Vorgespräch kommt (manchmal sind auch schon beide Parteien anwesend) ist beschwert und muss ermutigt und motiviert werden. Hoffnung ist ein bewährter Assistent in der Überwindung scheinbar unlösbarer Gegensätze.

Checkliste Vorgespräch

1 Handelt es sich um einen benennbaren Konflikt? (Abgrenzung zur Therapie, Supervison etc.)

2 Wer ist alles am Konflikt beteiligt? (Lösung nur mit allen betroffenen Personen)

3 Wie können alle Konfliktparteien zur Teilnahme motiviert werden?

4 Informieren:
- Was ist eine Mediation? (Konfliktlösung zum Nutzen aller)
- Rolle des Mediators (Allparteilichkeit)
- Ablauf / Gesprächsvereinbarungen

5 Abklären:
- Finanzen / Kostenübernahme
- Vertrag
- Zeitrahmen (ca. 90 Min. pro Sitzung)
- Zeitschiene (Anzahl der Sitzungen bleibt offen, Abbruch jederzeit möglich)
- Ort (möglichst neutral)
- Medien (Flipchart, Moderationsutensilien)
- Ansprechpartner, Adressen, Telefon...

6 ...und immer wieder: ERMUTIGEN, MOTIVIEREN, HOFFNUNG MACHEN

Wie wollen wir miteinander umgehen

Phase 1 – Einleitung und Gesprächsvereinbarungen

DVD 02

Bevor Frau Lauber und Frau Solenz in ihre erste gemeinsame Mediationssitzung kommen, hat der Mediator oder die Mediatorin bereits einige wichtige Überlegungen zum äußeren Rahmen des Treffens angestellt. Der Raum sollte eine angenehme Gesprächsatmosphäre ermöglichen, ohne wohnzimmerartig gemütlich zu wirken. Natürlich ist immer der Kontext zu bedenken: eine Schulmediation verlangt einen anderen äußeren Rahmen als eine Wirtschaftsmediation. Aber alles, was die MediatorInnen tun können, damit sich die zerstrittenen Parteien wenigstens äußerlich wohl fühlen, erleichtert ihre spätere Arbeit.

Zum atmosphärischen Rahmen (Blumenschmuck, Getränke...) kommen die Arbeitsutensilien. Flipchart und/oder Präsentationswand, Notizblöcke für die Medianten auf den Tischen, Moderationskoffer mit Stiften, Kärtchen, Kreppklebeband für den Mediator oder die Mediatorin sollten bereitstehen, damit der fragile Kommunikationsprozess später nicht durch unnötige Suche oder Vorbereitung gestört wird.

Rahmen schaffen

Besondere Beachtung sollte der Sitzordnung geschenkt werden. Aus dem Kommunikationsmodell der Mediation (vgl. S. 62 f.) ergibt sich, dass ein gleichseitiges Dreieck die beste Anordnung darstellt. Das ist an einem rechteckigen Tisch schwer zu erreichen. Hier sitzen sich die Medianten direkt gegenüber und können ihren Blicken schwer ausweichen. Das schafft in den ersten Phasen zusätzliche Spannung. Alternativ dazu könnten sie am rechteckigen Tisch nebeneinandersitzen; aber dann haben sie umgekehrt kaum die Möglichkeit sich gelegentlich anzuschauen. Probieren Sie es aus: Die beste Sitzordung erzielen Sie an einem runden Tisch, wo jeder jeden leicht anschauen und beobachten KANN, aber nicht muss. Der Mediator oder die Mediatorin sitzt dabei natürlich so, dass das Flipchart gut erreichbar und für die Medianten gut sichtbar ist. Dieser Hinweis klingt vielleicht überflüssig. Aber wer schon einmal erlebt hat, wie einer der Medianten zielstrebig (wenn auch unabsichtlich) auf dem Stuhl des Mediators Platz nimmt, wird in Zukunft auch den Einstieg in die Mediation sehr bewusst steuern und den MediantInnen ihre zugedachten Stühle dezidiert zuweisen...

Smalltalk...

Nach der Begrüßung und vor dem eigentlichen Einstieg in die Mediation lockert etwas Smalltalk die Atmosphäre auf. Hier ist Fingerspitzengefühl gefragt, denn natürlich kommen die MediantInnen oft innerlich sehr angespannt in die Mediation und sind nicht gut aufeinander zu sprechen. Von dieser Spannung darf sich der Mediator oder die Mediatorin aber nicht gefangennehmen lassen. Etwas Smalltalk („Haben Sie gut hergefunden...“) gibt den Medianten Gelegenheit, unverfängliche erste Worte zu wechseln und trägt so zur Entspannung bei. Auch ein anerkennendes Wort zur Bereitschaft der Medianten, ihr Problem gemeinsam zu bearbeiten, darf nicht fehlen.

Andererseits sind die MediantInnen nicht zum Plauschen gekommen, so dass zügig auf die notwendigen Inhalte der ersten Phase zugesteuert werden sollte. Wir müssen

- über das Verfahren und den Stand unserer Vorkenntnisse informieren
- Gesprächsvereinbarungen treffen und
- offene Fragen und Regularien abklären.

Die Gefahr dabei: ein endlos langer Monolog und Vortrag des Mediators oder der Mediatorin! Da die Reihenfolge der Inhalte der Phase 1 nicht so entscheidend ist, können wir elegant die Fragen der Medianten aufnehmen und dabei unserer Informationspflicht in knappen Formulierungen nachkommen:

Über Mediation informieren

„Was ist eigentlich Mediation?“ – „Es ist ein Konfliktlösungsverfahren zum Nutzen aller Beteiligten. Ich möchte Ihnen helfen Lösungen zu finden, die Sie beide akzeptieren können.“ – „Und wie läuft so was ab?“ – „Zuerst haben Sie beide die Möglichkeit, Ihre Sicht der Dinge ungestört und im Zusammenhang darzustellen. Dann bearbeiten wir die offenen Fragen und versuchen dabei, auch die Sicht der anderen Seite in den Blick zu bekommen. Dann erarbeiten wir Lösungen, die das Interesse beider Seiten berücksichtigen.“ – „Und wie lange dauert das?“ – „Für diese Sitzung sollten wir maximal 90 Minuten veranschlagen. Vielleicht ist das Problem dann gelöst, oder wir entscheiden uns für einen zusätzlichen Termin. Auf jeden Fall ist die weitere Teilnahme, wie Sie wissen, absolut freiwillig.“

Stand der Vorinformation

In der Regel hat der Mediator oder die Mediatorin mit einer oder mit beiden Seiten ein Vorgespräch geführt. Um Spekulationen und Befürchtungen vorzubeugen ist es unerlässlich, die Anwesenden kurz über die Inhalte zu informieren und auf den gleichen Stand zu bringen.

Frau Solenz in unserer Beispielgeschichte kommt mit einem doppelten Handikap in die Mediation: Frau Lauber hat das Vorgespräch allein geführt und ist zudem die Vorgesetzte von Frau Solenz. Was hat Frau Lauber dem Mediator über sie gesagt? Was haben die beiden in ihrer Abwesenheit abgesprochen? Wie neutral kann der Mediator ihr gegenüber jetzt noch sein?

Es ist hilfreich für Frau Solenz, wenn der Mediator diese Befürchtungen aufnimmt: „Mit Frau Lauber habe ich überlegt, ob diese Situation für eine Mediation geeignet ist. Ihren Konflikt haben wir dabei nicht im Detail besprochen, denn dazu sind wir ja jetzt hier. Ich weiß nur, dass es um Ihre Stellvertretung von Frau Lauber geht und dass Sie sich über eine Personalentscheidung nicht einig sind. Außerdem habe ich gehört, dass sich das Arbeitsverhältnis zwischen Ihnen und Frau Lauber seit längerem schwierig gestaltet.“

Wenn Frau Solenz das Einflussgefälle zwischen ihr und ihrer Vorgesetzten von selber thematisiert: umso besser, weil der Mediator darauf reagieren kann. In jedem Fall muss er es ansprechen, und das gibt ihm die Gelegenheit, auf seine Rolle als Mediator zu sprechen zu kommen: „Sie machen sich vielleicht Sorgen darüber, ob Sie hier in der Mediation eine faire Behandlung erfahren, weil Frau Lauber ja immerhin Ihre Vorgesetzte ist. Meine Aufgabe als Mediator besteht darin, dafür zu sorgen, dass das Verfahren fair geführt wird. Ich selber möchte neutral sein und Sie beide verstehen und helfen, dass Sie sich besser verstehen lernen. Wenn Sie das Gefühl haben, dass ich Sie benachteilige, dann sagen Sie es mir bitte. Das gilt natürlich auch für Sie, Frau Lauber."

Gesprächsvereinbarungen

Der wichtigste Punkt in der Einleitung (neben dem Ziel, Vertrauen bei den Konfliktparteien aufzubauen) ist die Vereinbarung von Gesprächsregeln. (Ich würde nie Spielregeln sagen – zum Spielen ist es den Parteien vermutlich zu ernst.) Mediatoren vereinbaren je nach ihren eigenen Erfahrungen unterschiedliche Regeln. Der Mediator oder die Mediatorin muss das Gefühl haben, dass die Regeln zu ihm oder ihr passen und einen konstruktiven, dabei aber auch schützenden Rahmen bieten. Diese Regeln sind so gut wie unerlässlich:

- Vertraulichkeit
- Wille zur Mitarbeit
- zuhören und ausreden lassen
- Gegenseitige Wertschätzung/Respekt

Vertraulichkeit kann eine recht unpräzise Vereinbarung sein. Sie betrifft zunächst den Mediator selbst: Er sichert den Parteien seine Verschwiegenheit zu: „Alles, was Sie beide mir sagen, bleibt für mich in diesem Raum."

Hinweis: Mediatoren haben seit Einführung des Mediationsgesetzes eine Verschwiegenheitspflicht. Die Verschwiegenheitspflicht gilt nicht, soweit (1) die Offenlegung des Inhalts der im Mediationsverfahren erzielten Vereinbarung zur Umsetzung oder Vollstreckung dieser Vereinbarung erforderlich ist, (2) die Offenlegung aus vorrangigen Gründen der öffentlichen Ordnung geboten ist, insbesondere um eine Gefährdung des Wohles eines Kindes oder eine schwerwiegende Beeinträchtigung der physischen oder psychischen Integrität einer Person abzuwenden, oder (3) es sich um Tatsachen handelt, die offenkundig sind oder ihrer Bedeutung nach keiner Geheimhaltung bedürfen. (MediationsG §4)

Weiterhin bezieht sich die Vereinbarung der Vertraulichkeit auch auf die Medianten. Natürlich gibt es fast immer ein Interesse Dritter, vom Ergebnis einer Mediation zu erfahren – die Ehepartner z. B., oder, im Fall Lauber/ Solenz, der Arbeitgeber. Die Weitergabe solcher Informationen sollte jedoch abgesprochen werden. In der Mediation werden aber vielleicht auch Dinge gesagt, deren Weitergabe eine Mediantin bloßstellen oder ihr schaden könnte. Vertraulichkeit heißt deshalb auch achtsamer und fairer Umgang mit den Informationen des Konfliktpartners.

„Wille zur Mitarbeit“ ist mehr als ein Appell. Da die Ergebnisse einer Mediation von den Medianten selbst erarbeitet werden, kann es nur bei konstruktiver Mitarbeit aller Parteien zu guten Lösungen kommen (vgl. S. 33 f. zum Stichwort „Freiwilligkeit“ und S. 35 zum Stichwort „Verantwortung für den eigenen Konflikt.“). Deshalb sollte die Bereitschaft zur Mitarbeit gleich zu Beginn ausdrücklich vereinbart werden. Das hat den positiven Nebeneffekt, dass die Parteien sich im Sinne des mehrfach erwähnten Empowerments ihrer Verantwortung für das Gelingen der Mediation bewusst werden.

Die Vereinbarungen „zuhören“ und „ausreden lassen“ gehören eng zusammen. In vielen Konfliktfällen haben die Parteien nicht die Möglichkeit, ihre Sicht zusammenhängend und ohne Unterbrechung darzustellen. Während sie noch reden, formuliert ihr Gegner bereits seine Gegenargumente. Sobald sich die Gelegenheit ergibt, wird der oder die andere unterbrochen und mit Gegendarstellungen oder Anschuldigungen konfrontiert. Dieser frustrierende Antikommunikationsstil wird oft von beiden Seiten gepflegt, wodurch eine Eskalationsspirale in Gang gesetzt wird, die in der Regel (ähnlich einem elektrischen Kurzschluss) schnell zur abrupten Beendigung des „Gesprächs“ führt. Deshalb kann es in der Mediation nicht nur ums Ausredenlassen gehen. Das vorzeitige Formulieren von Einwänden sollte am besten aufgegeben werden, damit der

Kopf frei wird zum Zuhören. Zum (oft) ersten Mal können die Parteien ihre Positionen plädoyerartig präsentieren, ohne ständig unterbrochen zu werden. Die jeweils andere Seite muss zuhören, was ungewohnt und anstrengend ist, jedoch einen ersten Schritt auf die nächste Vereinbarung hin darstellt, nämlich gegenseitige Wertschätzung und Respekt.

Wertschätzung und Respekt sind nicht ganz dasselbe. Gegenseitiger Respekt, bezogen auf den Umgang miteinander in der Mediation, ist das Minimalziel. Ich verstehe darunter ein Verhalten, wie man es von Fremden unter Wahrung der selbstverständlichen Höflichkeit erwarten dürfte: Man fällt sich nicht ins Wort, man beleidigt einander nicht, man schreit sich nicht an, man macht keine abfälligen Gesten oder Bemerkungen. Wertschätzung ist weit mehr: Man ist einander grundsätzlich wohlgesonnen und zugewandt. Das Verhalten ist mehr als distanziert-höflich, es ist von grundsätzlicher Annahme und Anerkennung geprägt. Einem neuen Nachbarn gegenüber bin ich auch im Konfliktfall respektvoll und höflich. Einem Nachbarn, mit dem ich eigentlich bereits ein gutes Verhältnis hatte, zeige ich auch im Konfliktfall mehr Zuwendung und Wertschätzung. In der Einleitungsphase der Mediation entscheide ich „nach Augenschein“, ob ich den Schwerpunkt mehr auf Wertschätzung lege oder mehr auf gegenseitigen Respekt, um die MediantInnen nicht zu überfordern.

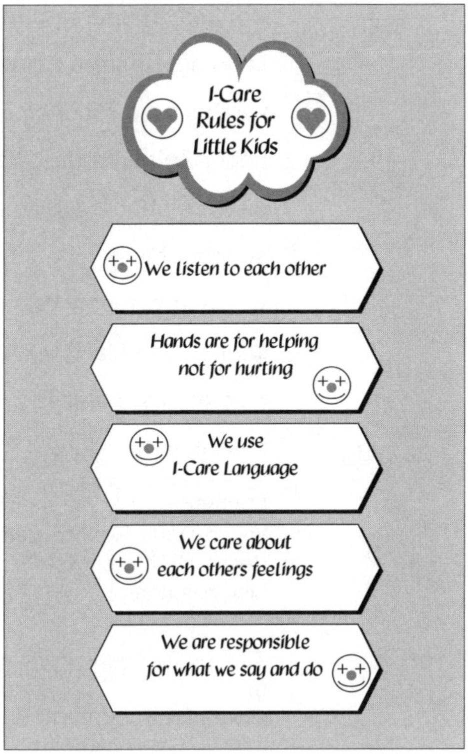

Gewaltfreie Kommunikation kann früh eingeübt werden, wie diese Gesprächsregeln aus der Washington Elementary School in Madison (SD) beweisen.

Die Gesprächsvereinbarungen sollten nicht vorausgesetzt, sondern kurz erläutert werden. Ganz wichtig ist es, sich das ausdrückliche Einverständnis der MediantInnen zu den Grundregeln einzuholen. Im Anschluss an die Vereinbarungen, die die MediatorInnen einbringen, sollten die Medianten die Möglichkeit haben, zusätzliche eigene Regeln vorzuschlagen, zu verhandeln und eventuell zu vereinbaren (z. B. „Ich möchte zwei Raucherpausen." – „Ich möchte, dass mein Mann sein Handy ausschaltet.").

Die Gesprächsvereinbarungen sollten unbedingt visualisiert werden. Um Zeit zu sparen und um mit den Medianten gerade in der Anfangsphase in unmittelbarem Kontakt zu bleiben, empfiehlt es sich, die Vereinbarungen vorab an die Flipchart zu schreiben, das Blatt aber umzuschlagen. Zu gegebener Zeit wird das Blatt wieder aufgeschlagen. Es ist außerdem sinnvoll, die Vereinbarungen so aufzuhängen, dass sie während der ganzen Mediation sichtbar bleiben.

Alle offenen Verfahrensfragen sollten in der ersten Phase angesprochen und geklärt werden. So haben wir den Rücken frei für den eigentlichen Mediationsprozess. Und so könnte die Überleitung in die nächste Phase formuliert werden:

MediatorIn: Wir haben nun alle wichtigen Fragen und Vereinbarungen besprochen. Vielen Dank für Ihre Geduld und Mitarbeit! Wie schon gesagt, haben Sie nun die Gelegenheit, den Konflikt aus Ihrer Sicht zu schildern. Wer möchte mit der Darstellung beginnen?

Nach Möglichkeit sollten die MediantInnen selber entscheiden, wer mit seiner Sicht beginnt. Erstens wahrt der Mediator so seine Allparteilichkeit und beugt Fantasien vor („Warum ausgerechnet ich?"), zweitens gibt es meistens eine Seite, die anfangen möchte. Oft ist es die Partei, die den Anstoß zur Mediation gegeben hat und unter dem größeren Leidensdruck steht.

Checkliste Einleitung

Ziel: Rahmen schaffen, Verfahren erläutern, Gesprächsvereinbarungen treffen, Vertrauen aufbauen

1 **Vorbereiten:** **Tisch, Getränke, Flipchart, Raumschmuck, Moderationsutensilien**

2 **Begrüßen:** **(etwas) Smalltalk, Anerkennung der Gesprächsbereitschaft**

3 **Informieren:**
- **Was ist eine Mediation? (Konfliktlösung zum Nutzen aller)**
- **Rolle des Mediators (Allparteilichkeit)**
- **Ablauf / Gesprächsvereinbarungen**
- **Stand der Vorinformation**

4 **Vereinbaren:** **Grundregeln (visualisieren!)**
- **Vertraulichkeit**
- **Wille zur Mitarbeit**
- **zuhören / ausreden lassen**
- **Gegenseitige Wertschätzung / Respekt**

5 **Abklären:**
- **Finanzen / Kostenübernahme / Vertrag (falls im Vorfeld noch nicht geschehen)**
- **Zeitrahmen (ca. 90 Min. pro Sitzung)**
- **Zeitschiene (Anzahl der Sitzungen bleibt offen, Abbruch jederzeit möglich)**

Überleitung zur Phase 2:
„Wer möchte mit der Darstellung seiner Sicht beginnen?"

Nun erzählen Sie mal...

Phase 2 – Konfliktdarstellung

DVD 03

In einer Gerichtsverhandlung steht das Plädoyer am Ende, in der Mediation am Anfang. Noch bevor die Konfliktparteien in einen Austausch treten, haben sie Gelegenheit, ihren Fall zu schildern: Was vorgefallen ist... warum der Konflikt eskalierte... warum die andere Seite Schuld hat... was sie so maßlos ärgert... was sie fordern... was ihrer Meinung nach geschehen muss. Das tut gut – jedenfalls der Partei, die dran ist und die auf diese Weise vielleicht lang angestauten Dampf ablassen kann. Das ist (im Rahmen der vereinbarten Gesprächsregeln) durchaus erwünscht. Denn nur so wird der Kopf frei und das Herz offen für die Arbeit am Konflikt. Zuerst jedoch muss alles heraus und auf den Tisch: Ärger, Enttäuschung, Frustration, aber auch Standpunkte und Forderungen.

Frau Solenz (vgl. S. 64) „ist mal wieder gut genug" die Urlaubsvertretung zu machen. Dabei handelt sie sich nur Stress ein, weil die Frau Ehlers an der neu eingerichteten Hotline wichtige Reklamationsanrufe verpasst und Frau Solenz sowohl von den Kunden als auch von der Geschäftsleitung deswegen Druck bekommt. Also ist ihre Entscheidung, Frau Ehlers von diesem Posten zu entbinden, doch wirklich gerechtfertigt, auch wenn es der Frau Lauber nicht passt! Schließlich hat sie sogar das Einverständnis der Geschäftsleitung eingeholt, mehr kann man ja nun wirklich nicht verlangen!

Das sieht Frau Lauber ganz anders. Kaum ist sie mal ein paar Tage im wohlverdienten Urlaub, schon fällt ihr Frau Solenz in den Rücken. Es ist ein Racheakt, weil Frau Solenz die Stelle als Abteilungsleiterin nicht bekommen hat! Es ist eine klare

Kompetenzüberschreitung, für die sich Frau Solenz entschuldigen muss. Frau Lauber ist SEHR sauer und sieht kaum Chancen, die Zusammenarbeit mit Frau Solenz fortzuführen.

Es ist also wichtig und gewollt, dass die Parteien ihre Sicht darstellen, und zwar sowohl die sachlichen als auch die emotionalen Anteile. Dabei wird der Mediator oder die Mediatorin jedoch mit zwei Grundproblemen konfrontiert, die es zu meistern gilt.

Das erste Grundproblem besteht darin, dass die zuhörende Partei es ganz schlecht aushalten kann, so angeklagt zu werden. Der Drang nach Richtigstellung führt zu fortlaufenden Einwürfen und Unterbrechungen. Dies umso mehr, wenn die Darstellung von einer Seite unqualifiziert und mit Spitzen versehen ist (zweites Grundproblem). Deshalb gilt für den Mediator oder die Mediatorin in dieser manchmal hitzigen und emotionsgeladenen Phase: Ruhe bewahren, sich nicht von den Medianten anstecken lassen, GRUNDREGELN SICHERN. Immer wieder müssen die Parteien daran erinnert werden, dass doch „ausreden lassen“ und „zuhören“ vereinbart worden ist, dass gegenseitige Wertschätzung (zumindest gegenseitiger Respekt und ein Grundmaß an Höflichkeit) Voraussetzung für den Mediationsprozess ist. Im Extremfall, nämlich dann, wenn eine oder beide Parteien diese Vereinbarungen nicht einhalten können, muss die Beendigung der Mediation angedroht und in letzter Konsequenz auch vollzogen werden.

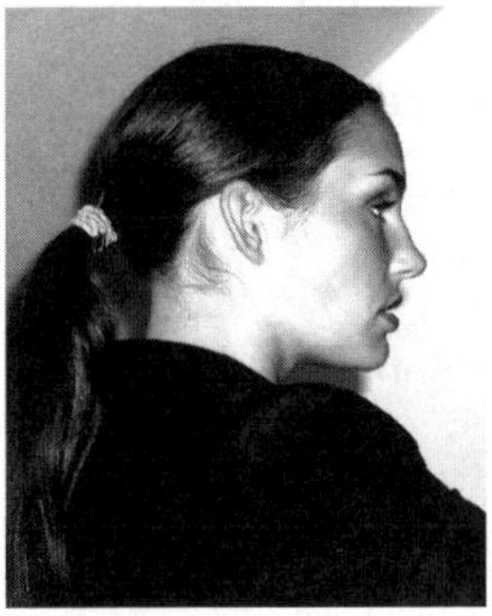

Allerdings gibt es (das ist die gute Nachricht) einige Methoden, die den Parteien und dem Mediator helfen, über diese schwierige Anfangsphase hinwegzukommen. An erster Stelle muss hier das Umformulieren genannt werden, das ab S. 121 ausführlich dargestellt wird. Dabei greift der Mediator das emotionale und sachliche Anliegen der redenden Partei auf und formuliert DVD 07 es so, dass der Bemerkung die Spitze genommen wird:

MediantIn: Es ist einfach eine Frechheit, wie Frau Solenz hier die Fakten verdreht und sich als Unschuldslamm hinstellt!
MediatorIn: Sie beurteilen die Sachlage ganz anders und es ärgert Sie, dass Frau Solenz ihren Anteil am Konflikt nicht sehen möchte!

Der Mediator sagt also statt „Es ist eine Frechheit“ „es ärgert Sie“ – statt „die Fakten verdreht“ „die Sachlage anders beurteilt“ – statt „Unschuldslamm“ „den Anteil am Konflikt nicht sehen“. Wenn Frau Lauber nicht so aufgebracht wäre, hätte sie den Satz vielleicht selbst anders formuliert. So hilft der Mediator etwas nach, indem er zwar das Gefühl (in diesem Fall den Ärger, den Frau Lauber spürt) nicht ausblendet, die Formulierung aber für Frau Solenz „genießbarer“ macht. Sie hat vielleicht schon tief Luft geholt, um auf einen groben Klotz einen groben Keil zu setzen („Und Sie, was machen Sie...?!“). Der umformulierte Satz des Mediators könnte ihr helfen, die Kritik und den Ärger von Frau Lauber besser auszuhalten. Zumal sie ja, wie wir später sehen werden, nicht ganz unberechtigt sind.

In vielen Fällen ist die Technik des Umformulierens erfolgreicher als der Hinweis auf die Vereinbarungen, weil die Ebene der inhaltlichen Auseinandersetzung nicht verlassen wird und das Gespräch im Fluss bleibt. Deshalb lohnt es sich, den erhobenen Zeigefinger („Wir hatten doch vereinbart...“) möglichst sparsam einzusetzen, ohne jedoch dabei die Kontrolle über den Gesprächsprozess zu verlieren.

Damit die Technik des Umformulierens gelingt, ist es absolut notwendig, die emotionalen Anteile einer Botschaft nicht nur zu hören, sondern sie in die Umformulierung aufzunehmen. Sonst fühlt sich (um im Beispiel zu bleiben) Frau Lauber nicht richtig verstanden. In dem Satz „Es ist eine Frechheit“ steckt nun mal ein sehr hohes Maß an Verärgerung, und das darf nicht unterschlagen werden, sonst macht Frau Lauber sozusagen „großklotzig“ weiter. Natürlich steckt hinter dieser Art von Umformulierung (es gibt auch andere) die „Ich-Botschaft". Es gehört durchaus zum Anspruch der MediatorInnen, ihre Medianten zu einem Kommunikationsstil anzuregen, der Gefühle wie Wut oder Trauer nicht unterschlägt und doch das Gegenüber nicht unter Druck setzt.

Falls die zuhörende Partei immer wieder unterbricht, kann es hilfreich sein, sie mit Papier und Stift zu versorgen: „Ich sehe, dass es Ihnen schwer fällt zuzuhören, weil Sie eine ganz andere Sicht der Dinge haben. Hier liegt ein Block, machen Sie sich doch einfach Notizen, damit Sie nichts Wichtiges vergessen. Dann können Sie sich besser auf die Darstellung von Frau Solenz konzentrieren." Diese kleine Hilfe kann Wunder wirken.

Wichtig ist es auch, den Blickkontakt zu beiden Seiten zu halten. Gerade wenn eine Partei ihre Sicht schildert, ist die Gefahr groß, bei aller notwendigen Hinwendung und Konzentration auf das Gesprochene, die Gegenseite nicht mehr im Blick zu haben. Ein gelegentlicher aufmunternder Augenkontakt („Ich sehe Sie, und Sie sind auch gleich wieder dran.") wird von den Medianten als sehr wohltuend und aufbauend erlebt.

Die Phase der Konfliktdarstellung ist auch eine Zeit, in der das Vertrauen in die MediatorInnen wachsen muss. Nach allen Ankündigungen in der Einleitung („Ich möchte allparteilich sein...") schlägt hier die Stunde der Wahrheit. Deshalb ist der Aufbau von Vertrauen sogar wichtiger als die Klärung aller Fakten, wozu im Laufe der Mediation noch genügend Zeit bleibt. Wird zu intensiv nachfragt („Wieviele Mitarbeiter sind in Ihrer Abteilung und wie lange sind sie schon da?"), dann könnten sich die Medianten schnell so fühlen wie Angeklagte im Kreuzverhör. Die beste Methode zum Aufbau von Vertrauen ist hier und in JEDER Phase der Mediation das Aktive Zuhören, das ab S. 117 ausführlich beschrieben wird.

Der Aufbau von Vertrauen ist wichtiger als die Klärung von Fakten.

Wenn beide Seiten ihren Standpunkt geschildert haben, fasst der

Mediator oder die Mediatorin noch einmal zusammen, benennt dabei die Gemeinsamkeiten und Differenzen und leitet dann mit einer offenen, vertiefenden Frage in die Phase der Konflikterhellung über.

Wenn es inhaltlich um sehr komplexe Sachverhalte geht, kann es notwendig werden, am Anfang die Themen zu sammeln und eine Reihenfolge der Bearbeitung festzulegen. Das ist z. B. bei einer Scheidungsmediation der Fall, wo in der Regel mehrere unterschiedliche Bereiche angesprochen werden müssen (Sorgerecht, Besuchsvereinbarungen, Zugewinnausgleich, Ehegattenunterhalt usw.). In diesem Fall, der über unsere Mediationsgrundlagen schon hinausgeht, kann man jedes Thema als Teilmediation betrachten. Dann gibt es für jeden Bereich eine Konfliktdarstellung, eine Konflikterhellung und eine Lösungsphase. Am Ende werden dann die Lösungen insgesamt noch einmal betrachtet und zu einer stimmigen Gesamtvereinbarung zusammengeführt.

Auch ein einzelnes Thema kann inhaltlich sehr komplex sein. In diesem Fall sollte man (schon um sich selber zu helfen) die Sachverhalte visualisieren (Lagepläne, Zeitabläufe, Projekte, Organigramme...). Nicht so sinnvoll ist es, zu diesem Zeitpunkt Haltungen der Konfliktparteien zu visualisieren. Am Anfang einer Mediation stehen sich ja oft zwei Positionen unversöhnlich gegenüber (vgl. S. 41 unten). Visualisierung dieser Positionen bedeutet auch immer ein Festschreiben der Positionen, was nicht im Interesse des Mediationsprozesses sein kann. Gewöhnlich beginnen wir mit der Visualisierung der Inhalte in der nächsten Phase, wenn es um die Interessen und Bedürfnisse der Parteien geht.

Checkliste Konfliktdarstellung

Ziel: Den Parteien Raum geben zur zusammenhängenden Darstellung ihrer Sichtweise des Konflikts

1 Beachten:

Grundregeln sichern
Vertrauen aufbauen (kein Verhör)
Blickkontakt zu beiden Parteien halten
Themen sammeln, Reihenfolge festlegen

2 Wichtige Methoden:

- **Aktives Zuhören (vor allem die Sachebene und die Gefühlsebene werden gespiegelt)**
- **Umformulieren (z. B. von verletzenden Beiträgen)**
- **Zusammenfassen (fortlaufend, wo angebracht, und am Ende der Konfliktdarstellung), Gemeinsamkeiten und Differenzen benennen**
- **Falls die zuhörende Partei unruhig wird: mit Papier und Bleistift versorgen**
- **Komplexere Sachverhalte visualisieren (jedoch möglichst nicht die Positionen, um sie nicht „festzuschreiben")**

Überleitung zur Phase 3:
Gemeinsamkeiten und Differenzen zusammenfassend benennen, dann eine offene, vertiefende Frage stellen

Jetzt wird mir manches klar!

Phase 3 – Konflikterhellung

DVD 04

Nachdem die Parteien ihre Sicht der Dinge geschildert haben, kommt nun das spannendste und schwierigste Stück Arbeit auf alle Beteiligten zu. Dieser Teil des Mediationsprozesses könnte auch überschrieben werden mit „Annäherung durch Verständnis“. Manchmal ist schon in der Phase der Konfliktdarstellung eine Annäherung spürbar, und zwar dann, wenn die Medianten merken, dass sie sich gar nicht so feind sind, wie sie vermutet hatten. Diese hoffnungsvolle Entwicklung gilt es dann zu nähren und zu entwickeln. Oft jedoch stehen sich die Parteien am Ende ihrer Konfliktdarstellung noch sehr ablehnend gegenüber. Sie möchten vieles von dem, was ihr Gegenüber gesagt hat, korrigieren, entkräften, zurückweisen. Annäherung geschieht dann, wenn sich in dieser Phase die Medianten weiter ernst genommen fühlen, und sie merken, dass die Allparteilichkeit des Mediators oder der Mediatorin den unausweichlichen Bewährungsproben standhält.

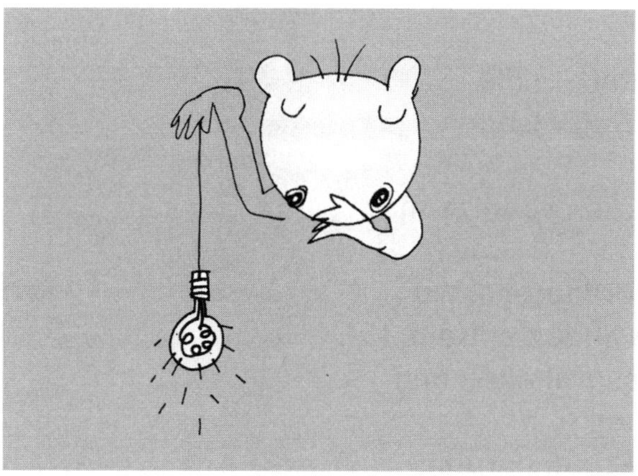

Die MediatorInnen haben also nun die große Aufgabe, den Kontakt zwischen den Streitenden schrittweise wiederherzustellen. Es sind dabei vor allem zwei Entwicklungen, die der Mediator im Auge behalten muss:

(1) Gelingt es, die Kommunikation zwischen den Parteien zu verbessern?

(2) Gelingt es den Parteien zunehmend, das Problem auch aus der Sicht des anderen zu sehen?

Vorbild MediatorIn

Der Kommunikationsstil wird stark von den Gefühlen beeinflusst. Je aufgewühlter, zorniger, verängstigter die Medianten sind, desto unsachlicher und voraussichtlich auch verletzender werden ihre Beiträge sein. Durch das Vorbild des Mediators oder der Mediatorin lernen die Parteien aktiv zu hören und das Gehörte nicht wertend wiederzugeben (vgl. Aktives Zuhören S. 117). Sie merken, dass ihre Emotionen nicht ignoriert, sondern in konstruktiver Weise in das Gespräch einbezogen werden. Sie fühlen sich zunehmend verstanden, zunächst vom Mediator, dann aber auch von der Gegenseite. So gelingt es ihnen immer besser, im anderen nicht den „Feind" zu sehen, den es zu besiegen gilt, sondern den – nun ja, wenn schon nicht Freund, dann doch Mitmenschen, mit dem man reden kann. Und je entspannter die Arbeitsatmosphäre wird, desto eher ist man auch bereit, sich in die Karten schauen zu lassen und offen über die anstehenden Probleme zu sprechen.

Perspektivenwechsel

Die zweite positive Entwicklung ist der sogenannte Perspektivenwechsel (vgl. S. 122). Er hat in vielen Mediationen entscheidende Bedeutung. Wenn es gelingt, dass die Parteien den Konflikt von der anderen Seite sehen lernen, werden sie offen für neue Lösungsoptionen. Solange ihnen der andere und seine Sicht egal sind, beharren sie auf ihren Positionen. Hier geht es nicht um Lippenbekenntnisse („Ja, ja, ich verstehe Sie schon, aber..."), sondern um echte Betroffenheit, die aus echtem Verstehen erwächst. Sowohl Frau Lauber als auch Frau Solenz haben solche Aha-Erlebnisse:

Frau Lauber: Ich war so sicher, dass Frau Solenz gegen mich arbeitet. Dabei hat sie sich vor allem Anerkennung gewünscht. Wenn ich das mal aus ihrer Sicht sehe, kann ich es verstehen. Bei ihrem alten Abteilungsleiter war sie sehr erfolgreich, dann schaffte sie es nicht, seine Stelle zu bekommen. Sie war einfach noch zu unerfahren. Und dann kam ich und habe ihr noch nicht mal das gegeben, was sie beim alten Chef schon hatte. Sie war ja eigentlich schon stellvertretende Abteilungsleiterin. Weil ich sie als Konkurrentin sah, habe ich ihr keine Chance gegeben. Kein Wunder, dass sie hinter meinem Rücken redete. Ich habe sie wirklich nie gelobt und ihr keine berufliche Perspektive aufgezeigt.

Frau Solenz: Das war eine schöne Erfahrung zu hören, dass Frau Lauber meine Arbeit schätzt. Klar, solange sie dachte, ich säge an ihrem Stuhl, war echte Wertschätzung nicht möglich. Ich bin wohl in meiner Enttäuschung auch manchmal über das Ziel hinausgeschossen und habe sie hinter ihrem Rücken kritisiert und schlecht gemacht. Je weniger ich Anerkennung bekam, desto aggressiver wurde ich – das ist mir jetzt nachträglich klar geworden, dass das ein echter Teufelskreis war.

Wir spüren den Bemerkungen ab, dass durch den Perspektivenwechsel eine neue Offenheit erwachsen ist, die sich später in der Lösungsphase auszahlt.

MediantInnen können einen Perspektivenwechsel manchmal hartnäkkig verweigern. Wer gibt schon gerne zu, dass die Gegenseite auch eine nachvollziehbare Sicht des Konflikts hat? Hier muss der Mediator eventuell ein tiefes Missverständnis bei den Medianten ausräumen. Viele glauben nämlich, dass ihre Position geschwächt wird, wenn sie für die Gegenseite Verständnis zeigen. Sie verwechseln Verständniszeigen mit Nachgeben. Sie glauben, es gäbe nur eine richtige Sicht der Dinge (vorzugsweise ihre). Tatsächlich aber gibt es immer zwei Perspektiven und zwei Wahrheiten. Erst die Offenlegung der Sichtweisen führt zu gegenseitiger Anerkennung. Erst dann kann konstruktiv darüber diskutiert werden, wie man mit kollidierenden Interessen umgehen soll. Wer also Verständnis für die Gegenseite zeigt, braucht deshalb die eigenen Interessen, soweit man sie als berechtigt ansieht, nicht aufzugeben. Das soll ja gerade in einer Mediation geschehen: nicht, dass beide Seiten ein wenig nachgeben (und ein fauler Kompromiss herauskommt), sondern dass die Interessen BEIDER Seiten angemessen berücksichtigt werden.

Wenn MediantInnen sich schwer auf einen Perspektivenwechel einlassen können, hat der Mediator oder die Mediatorin eine Palette von Methoden, die vielleicht zum gewünschten Ziel führen. Dazu gehören z. B. der Stuhltausch, die Selbstbild-Fremdbild-Wahrnehmung, das Doppeln oder Einzelgespräche – diese Methoden werden ab Seite 116 ausführlich erläutert.

Verständnis für die andere Seite kann in der Mediation langsam und kontinuierlich, aber auch plötzlich und dramatisch entstehen. Im zweiten Fall sprechen MediatorInnen von den „Wendepunkten" im mediativen Prozess. Untrügliche Anzeichen solcher Wendepunkte sind Reaktionen der Medianten wie „Das war mir gar nicht bewusst..." – „Jetzt wird mir klar, warum Sie..." – „Das hast du mir noch nie so gesagt!" – „Ja, wenn das so ist..." – „Das hatte ich ganz anders aufgefasst...". Solche „Bigpoints", also solche Gelegenheiten, lässt sich ein erfahrener Mediator nicht entgehen, auch wenn die Äußerungen manchmal scheinbar beiläufig gemacht werden. Es lohnt sich in diesen Fällen immer, genau hinzuhören und die Signale bewusst aufzunehmen, weil hier die Chance gegenseitigen Verstehens und gegenseitiger Annäherung besonders groß ist:

Wendepunkte

Mediator: Frau Solenz, Sie haben gerade so nebenher gesagt: „So, so, das ist mir aber neu." Sie scheinen überrascht zu sein. Was genau ist Ihnen neu?
Fr. Solenz: Na ja, ich habe immer gedacht, Frau Lauber sieht in mir nur die Meckertante. Dass sie meine fachlichen Qualitäten schätzt, war mir nicht so bewusst.
Mediator: Sie haben gedacht, Frau Lauber sieht ihre Anstrengungen nicht, gute Arbeit zu leisten.
Fr. Solenz: Genau. Ich kann mich wirklich nicht an ein Lob von ihr erinnern.
Mediator: Frau Lauber, vielleicht können Sie es noch mal sagen, wie Sie zur fachlichen Leistung von Frau Solenz stehen.
Fr. Lauber: Nein, also ich muss sagen, Frau Solenz bringt eine sehr gute Leistung – von der letzten Personalentscheidung einmal abgesehen. Und ich muss auch zugeben, dass ich meine Zufriedenheit viel zu wenig zum Ausdruck gebracht habe...

Wenn die Kommunikation in guten Bahnen verläuft und durch den Perspektivenwechsel das Verständnis gewachsen ist, dann wird es Zeit, die gemeinsamen und unterschiedlichen Interessen herauszuarbeiten. Nur selten wird der Mediator oder die Mediatorin hier bei Null anfangen. Denn von Anfang an (manchmal schon im Vorgespräch) machen die Medianten Andeutungen, die einen Blick hinter die Positionen gestatten. Wenn z. B.

Frau Solenz sagt „Dafür war ich dann wieder gut genug...“, dann schwingt in dieser resignativen Bemerkung der Wunsch nach – ja, wonach? Nach mehr Anerkennung? Nach mehr Herausforderung? Nach einer andersartigen Tätigkeit? Die Bemerkung ist vieldeutig und erschließt sich vielleicht aus dem Zusammenhang. Der Mediator darf aber auch nachfragen. In jedem Fall muss er geäußerte Vermutungen überprüfen und sich korrigieren lassen:

Mediator: Frau Solenz, Sie sagten voher: „Dafür war ich dann wieder gut genug.“ Das klingt, als ob Sie sehr unzufrieden mit Ihrer jetzigen Tätigkeit sind.
Fr. Solenz: Nein, im Großen und Ganzen ist mein Job schon in Ordnung. Ich würde mir nur manchmal Zusatzaufgaben wünschen, wie sie mir mein alter Abteilungsleiter gegeben hat.

Es ist gut, in dieser Phase die Wünsche und Interessen nicht nur herauszuarbeiten, sondern sie an einer Flipchart zu visualisieren. Sie sind nämlich der Gradmesser für die später zu erarbeitenden Lösungsoptionen. Nur wenn die zugrunde liegenden Wünsche so weit wie möglich berücksichtigt worden sind, gelingen haltbare Vereinbarungen.

Wünsche und Bedürfnisse sollten immer positiv formuliert werden. Häufig muss sie der Mediator oder die Mediatorin aus negativen Bemerkungen „herausdestillieren“:

Frau Solenz: Ich möchte nicht ständig wie ein AZUBI behandelt werden!!
Mediator: Sie wünschen sich, dass Ihre fachliche Kompetenz gewürdigt wird?

oder

Frau Lauber: Frau Solenz macht hinter meinem Rücken schlechte Stimmung gegen mich. Das muss aufhören!
Mediator: Sie wünschen sich eine offene Kommunikation, in der Probleme direkt mit Ihnen besprochen werden?

Wünsche und Interessen visualisieren

Durch die positiven Formulierungen können Wünsche und Bedürfnisse auch dann von der Gegenseite anerkannt werden, wenn sie mit eigenen Interessen kollidieren sollten: Frau Solenz wünscht sich Zusatzaufgaben, die ihren fachlichen Fähigkeiten entsprechen. Dagegen ist im Prinzip nichts einzuwenden, auch wenn es solche Zusatzaufgaben nicht geben sollte. Wenn als Wunsch aber formuliert worden wäre, dass Frau Solenz von Frau Lauber nicht geschnitten und ignoriert zu werden wünscht, dann würde sich Frau Lauber angegriffen fühlen und hätte große Schwierigkeiten, auf einen solchen Wunsch einzugehen.

Bei komplexeren Sachverhalten ist es sinnvoll, die Wünsche nach Parteien getrennt zu notieren. Es fällt dann leichter, Übereinstimmungen und divergierende Interessen sichtbar zu machen.

Die Hauptgefahr in dieser Phase besteht darin, dass man das Sammeln der Wünsche und Interessen vorschnell abbricht und in die Lösungsphase wechselt. Das geschieht deshalb, weil mit zunehmendem Verständnis von den MediantInnen immer auch Lösungsvorschläge gemacht werden. Wenn sich dann die Gegenseite an einem solchen Vorschlag interessiert zeigt, ist man schnell dabei, diesen Lösungsvorschlag zu diskutieren. MediatorInnen sollten dieser Versuchung („Eine Lösung, die beide wollen! Wir haben es geschafft!") widerstehen. Erst wenn sie sicher sind, dass alle wichtigen Wünsche und Interessen notiert sind (wichtig = bezogen auf den aktuellen Konflikt!), leiten sie die Lösungsphase ein:

Fr. Solenz: Wie wäre es, wenn wir Frau Köhler zusammen mit Frau Ehlers an die Hotline setzen?
Fr. Lauber: Das ist eine gute Idee. Aber natürlich müssten wir erst mal mit Frau Ehlers allein sprechen...
Mediator (unterbricht): Wir sollten die Idee festhalten und gleich diskutieren. Zunächst möchte ich gerne bei Ihren Wünschen bleiben, Frau Solenz: Was ist Ihnen noch wichtig in Bezug auf Ihr Arbeitsverhältnis mit Frau Lauber?

Wie erkennt der Mediator oder die Mediatorin, dass die Konflikterhellung geleistet ist? Er könnte sich die folgenden Fragen stellen. Wenn er alle mit

Zuversicht bejahen kann, ist die Zeit gekommen, in die Phase der Konfliktlösung zu wechseln:

1. Haben die Streitenden die Perspektive der anderen Seite einnehmen können?
2. Haben sie signalisiert, dass sie der Gegenpartei das Recht auf eine eigene Sicht einräumen?
3. Haben die Parteien ihre Interessen und Wünsche äußern können und sind sie bei der Gegenseite auf Verständnis gestoßen?

In anderen Worten:

Vom Konfliktgegner zum Konfliktpartner

4. Sind aus KonfliktGEGNERN KonfliktPARTNER geworden, die zur gemeinsamen Lösungssuche bereit sind? (Vgl. S. 26)

Am Ende der Konflikterhellungsphase stehen also nicht notwendigerweise Lösungsoptionen (obwohl sich solche hier in vielen Mediationen schon abzeichnen oder andeuten), sondern ein neues, tieferes gegenseitiges Verständnis der Parteien für den Konflikt und die Bereitschaft, ihn nicht gegen, sondern mit dem oder den am Konflikt Beteiligten zu bearbeiten. Damit ist die größte Hürde genommen. Die zweitgrößte erwartet uns oft ganz am Ende der Mediation. Dann nämlich, wenn die erarbeiteten Lösungsideen in konkrete und verbindliche Vereinbarungen überführt werden sollen. Dazwischen liegt (wenn bisher alles gut gegangen ist) die schönste Phase der Mediation: das gemeinsame Erarbeiten von guten, kreativen Lösungen.

Checkliste Konflikterhellung

Ziel: Den Konflikt in der nötigen Breite und Tiefe ansprechen. Die jeweiligen gemeinsamen und unterschiedlichen Hintergründe, Bedürfnisse, Interessen, Ziele, Wünsche herausarbeiten. Aus Konfliktgegnern Konfliktpartner machen.

1 Beachten:

- **Die Hintergründe sind nur so weit wichtig, wie sie zur Klärung des konkreten Konflikts beitragen. Gefahr der Grenzüberschreitung, z. B. zur Therapie**
- **Grundregel in der Konflikterhellung: Von der Sachebene über die Gefühlsebene zu den Bedürfnissen/Interessen**

2 Wichtige Methoden:

- **Reframing (durch Umformulieren neue Perspektiven eröffnen)**
- **Rollentausch / Stuhlwechsel / Selbstbild-Fremdbild (Methoden zum Perspektivenwechsel)**
- **Einzelgespräche / Doppeln (Methoden zur Überwindung von Blockaden)**
- **Visualisieren (Wünsche, Interessen)**
- **Offene und zirkuläre Fragen (vgl. Kasten S. 123)**

Überleitung zur Phase 4:
Gemeinsame und unterschiedliche Wünsche/Interessen zusammenfassen, Lob für Offenheit und Kooperation, Brainstorming ankündigen

Neue Optionen für Festgefahrene

Phase 4 – Lösungssuche

DVD 05

Unsere Streitparteien haben also Verständnis für einander und für ihre Sichtweisen gewonnen. Sie haben ihre Wünsche und Bedürfnisse artikuliert, der Mediator oder die Mediatorin hat sie visualisiert. Damit verlagert sich die Diskussion von der Frage nach den Hintergründen des Konflikts zur Frage nach Lösungen, die möglichst viele der Wünsche berücksichtigen.

Die Lösungssuche läuft in zwei deutlich zu unterscheidenden Blöcken ab: Im ersten Schritt werden möglichst viele Optionen gesammelt. Im zweiten Schritt überprüfen die Parteien mit Unterstützung des Mediators oder der Mediatorin diese Lösungsmöglichkeiten auf ihre Relevanz, Durchführbarkeit und Konsensfähigkeit. Wie wir im Methodenteil (Kap. 12, vgl. auch S. 46 f.) noch ausführlich beschreiben werden, verspricht ein Brainstorming am Anfang der Lösungsphase die besten Ergebnisse. Voraussetzung dabei ist, dass während des Sammelns der Lösungsvorschläge noch keine Diskussion oder Wertung stattfindet.

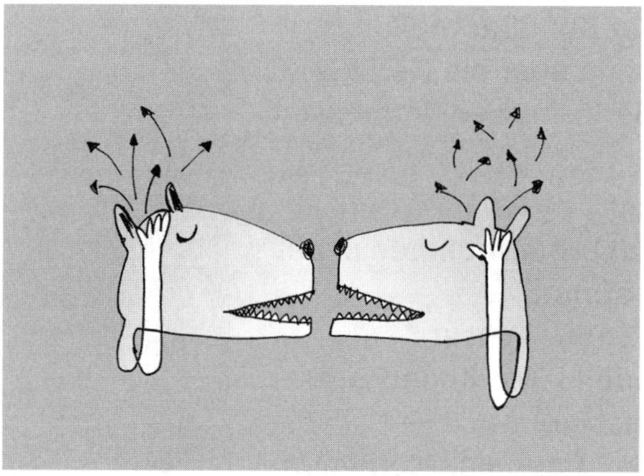

Hat sich in der Konflikterhellung gezeigt, dass mehrere Teilprobleme vorliegen, die wenig miteinander zu tun haben, so stellt man am besten eine Problemliste auf und entscheidet, in welcher Reihenfolge sie abgearbeitet werden soll. Günstig ist eine Ordnung nach (angenommenem) Schwierigkeitsgrad, wobei man mit dem leichtesten Problem beginnen könnte, um

Erfolgserlebnisse zu bekommen. Manchmal ist es angezeigt, nicht mit dem leichtesten, sondern mit dem drängendsten Problem zu beginnen. Dann ist der Druck weggenommen und der Kopf frei für die weitere Arbeit. Der Lösungsprozess für jedes Teilproblem beginnt wieder mit einem Brainstorming und endet mit seiner Bewertung.

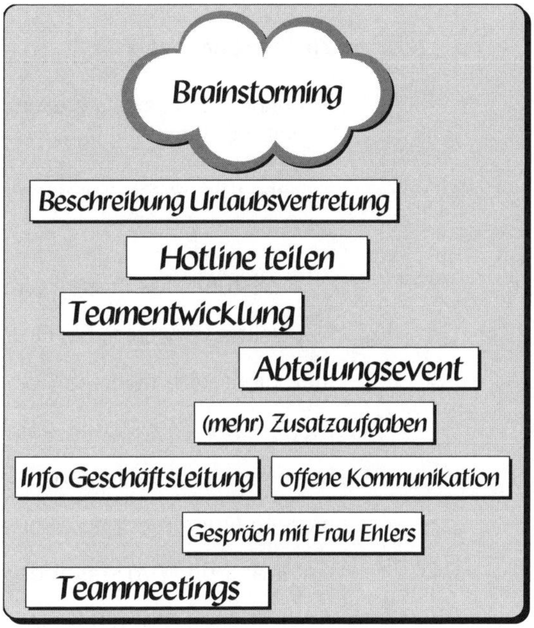

Fragen während der Lösungsphase

Besonderes Augenmerk legen MediatorInnen darauf, welche Fragen sie während der Lösungssuche stellen. Es sollten Fragen sein, die zur Mitarbeit einladen und kreative Denkprozesse anstoßen. Dazu einige Beispiele (vgl. auch S. 148 f.):

Hypothetische Fragen

- Frau Solenz wäre zu einem Gespräch mit Frau Ehlers bereit, wenn Sie es zu dritt führten. Was sagen Sie zu diesem Vorschlag?
- Falls die Geschäftsleitung die Kosten für eine Teamentwicklung nicht übernimmt – wie könnten Sie die Abteilung trotzdem voranbringen?
- Wenn Sie mit Ihrem jetzigen Wissen zurückschauen: Wie hätten Sie das Hotline-Problem anders lösen können?
- Wer könnte Ihnen beim Aufbau eines besseren Beschwerdemanagements helfen?

Aktivierende Fragen

- Frau Solenz, Sie sind gerade sehr nachdenklich und ruhig. Was sind Ihre Überlegungen?
- Frau Lauber, wie denken Sie über diesen Vorschlag von Frau Solenz?

Fokussierende Fragen

- Wenn wir auf das beschriebene Problem zurückkommen – wie könnten wir es noch lösen?

- Ich fasse unsere Diskussion kurz zusammen und frage Sie dann, wie Ihrer Meinung nach der nächste Schritt aussehen muss.

Fragen zu den Alternativen

- Welche dieser zwei Möglichkeiten würden Sie bevorzugen, Frau Lauber?
- Was gäbe es statt eines Rundschreibens noch für Informationsmöglichkeiten?

Zielführende Fragen

- Könnten Sie sich vorstellen, die Frau Ehlers in die Überlegungen mit einzubeziehen?
- Haben Sie schon einmal daran gedacht, eine Teamsupervision durchzuführen?

Zielführende Fragen sind mit Bedacht zu stellen, weil sie die Grenze der Neutralität verletzen. Ein Grundsatz der Mediation lautet ja: Die MediatorInnen sind nicht verantwortlich für den Inhalt, sondern für den Gesprächsprozess. MediatorInnen machen keine Lösungsvorschläge. Was aber, wenn die Parteien gute und wichtige Optionen nicht nennen? Meine Meinung ist, dass in diesem Fall ein dogmatisches Festhalten an der reinen Lehre der Trennung von Inhalt und Prozess mehr schadet als nützt. Vorausgesetzt, der Mediator oder die Mediatorin hat bis in die Lösungsphase sauber gearbeitet, dann hat er oder sie das Vertrauen der Parteien erworben, und seine Allparteilichkeit wird durch den einen oder anderen konstruktiven Vorschlag im Brainstorming oder in der Lösungsdiskussion nicht gleich in Frage gestellt. Natürlich sollte die inhaltliche „Einmischung" nicht so weit gehen, dass man direktive Aussagen macht („Sie sollten in dieser Situation…"), aber Lösungsideen in Form von zielführenden Fragen einzubringen, kann gelegentlich sinnvoll sein.

Ein positives Arbeitsklima schaffen

Auch in der Lösungsphase sind MediatorInnen mehr als neutrale Diskussionsleiter. Viel hängt davon ab, wie weit es ihnen gelingt, ein positives, hoffnungsvolles Arbeitsklima zu schaffen. Ein guter Beitrag dazu ist die gelegentliche Erinnerung an das bereits Geleistete. Jeder noch so kleine Teilerfolg sollte registriert und gelobt werden: „Ich finde es beachtlich, dass Sie sich bereits auf drei gemeinsame Lösungsvorschläge geeinigt haben. Jetzt kommen wir zur vielleicht größten Herausforderung…“

Manchmal gewinnt der Mediator oder die Mediatorin den Eindruck, dass ihre MediantInnen Vorschläge zurückhalten. Das könnte zum Beispiel der Fall sein, wenn sie unsicher sind, ob der Vorschlag von der anderen Seite nicht lächerlich gemacht oder anderweitig „zerrissen“ wird. Vielleicht trauen sie sich auch nicht, weil sie Angst haben, zu große Zugeständnisse zu machen, also ein „Verhandlungspfand“ aus der Hand zu geben. Durch vorsichtig-ermutigende Worte lassen sich solche Blockaden oft lösen: „Ich sehe, Sie zögern, Frau Solenz. Vielleicht halten Sie Ihren Vorschlag für unangemessen. Sagen Sie ihn doch einfach trotzdem. Wir sind gerade in einer kreativen Phase, in der uns vielleicht auch ein scheinbar nicht so guter Vorschlag weiterbringt.“

Einzelgespräche führen

Hält die Blockade an, dann hilft vielleicht als letztes verbleibendes Mittel das Einzelgespräch mit einer oder beiden Parteien. Einzelgespräche sind zweischneidige Instrumente. Einerseits ermutigen sie Parteien zu mehr Offenheit und zeigen Verhandlungsspielräume auf. Andererseits entwickelt sich bei der jeweils nicht beteiligten Partei vielleicht Misstrauen gegenüber dem Mediator und dem gesamten Prozess. Der Einsatz dieser mächtigen Methode sollte deshalb gut abgewogen werden. In Kapitel 12 wird sie ausführlich dargestellt.

Suche nach objektiven Kriterien

Die Suche nach objektiven Kriterien, wie sie das Harvard-Konzept vorschlägt, kann in der Lösungsphase in vielen Fällen zu guten und sachgerechten Lösungen führen (vgl. S. 25 f.). Das gilt vor allem dann, wenn alle Lösungsmöglichkeiten Zugeständnisse der VerhandlungspartnerInnen erfordern. Der Blick weg vom persönlichen Standpunkt zu einem Maßstab, der außerhalb der Streitparteien liegt, kann die Richtung zu einer fairen Übereinkunft weisen. Es sind viele sehr unterschiedliche Beispiele für objektive Standards denkbar. Entscheidend ist, wie gut die gewählten Standards die Sache treffen, die gerade verhandelt wird. Zu den möglichen objektiven Maßstäben könnten gehören:

- Neuwert
- Wiederbeschaffungswert/Marktwert
- Abschreibungswert
- Listenpreis
- gesetzliche Bestimmung
- Präzedenzfall
- wissenschaftliches Gutachten
- DIN-Norm
- Kosten
- Effizienz
- ethische oder religiöse Werte und Normen
- Tradition
- Bauvorschriften
- frühere Verträge
- wissenschaftliche Computersimulation
- Statistik

Mögliche Fragen der MediatorInnen bei der Suche nach objektiven Kriterien:

- *Auf welcher Basis könnten Sie sich eine Einigung vorstellen?*
- *Auf welchem Weg sind Sie zu diesem Vorschlag gekommen?*
- *Warum wird dieser Vorschlag Ihrer Meinung nach nicht funktionieren?*
- *Was brauchen Sie, um das Problem zu lösen?*
- *Wie werden solche Konflikte sonst in Ihrer Branche gelöst?*
- *Was gäbe Ihnen das Gefühl, dass Sie beide von der Lösung profitieren?*
- *Was wäre eine faire Lösung?*
- *Auf welchen Maßstab könnte man sich beziehen?*

Ein notwendiges Kriterium für jeden objektiven Standard ist die Unabhängigkeit vom beiderseitigen Willen und von einseitiger Einflussnahme. Das würde z. B. auch auf das Auswürfeln oder auf die Methode „Einer schneidet den Kuchen, der andere wählt“ zutreffen. Selbst diese einfache Vorgehensweisen könnten gelegentlich sinnvoll und erfolgreich sein, etwa bei Erbstreitigkeiten oder bei der Aufteilung von Hausrat.

Einigung ist nicht gleich Einigung

Roger Fishers Harvard-Konzept weist zu Recht darauf hin, dass es nicht nur unterschiedliche Lösungsoptionen gibt, sondern auch unterschiedliche Grade der Einigung. Natürlich ist das Ziel eine möglichst dauerhafte, bedingungslose und umfassende Einigung. Besser als ein Scheitern der Mediation kann es jedoch sein, weniger dauerhafte, umfassende oder bedingungslose Einigungen zu erzielen. So mag es z. B. bei einer Wirtschaftsmediation mit Regressansprüchen zu keiner Einigung in der Sache kommen, aber zu der Vereinbarung, einen Schlichterspruch der Handwerkskammer zu akzeptieren (Einigung im Verfahren). In einem anderen Fall könnte ein Scheitern der Mediation dadurch vermieden werden, dass die Einigung zeitlich befristet wird, etwa um ihre Folgen nach einiger Zeit neu bewerten zu können usw. Das Schaubild gibt einen Überblick über verschiedene Möglichkeiten, doch noch, wenn auch in abgeschwächter Form, zu einer Einigung zu kommen.

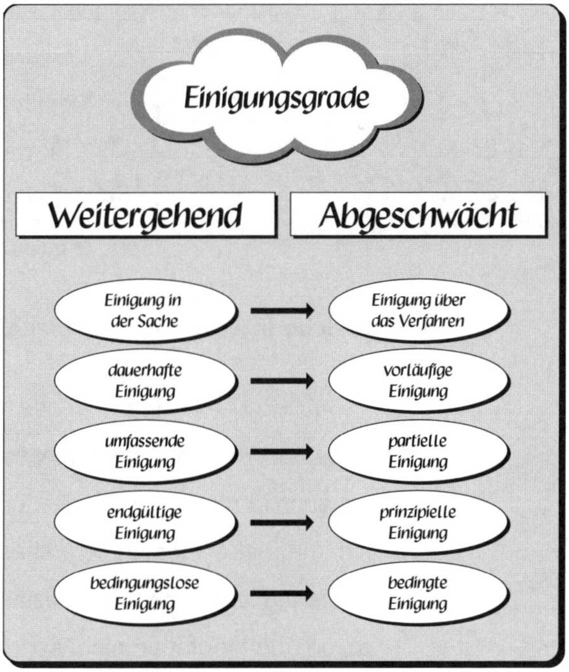

Einigungsgrade nach dem Harvard-Konzept

Ja aber... / Ja, wenn...

DVD 13

Eine beliebte Form des Neinsagens ist das „Ja, aber...“. Sie beginnt zwar mit dem Ja, gemeint ist jedoch das Aber. Gelegentlich gelingt es, über diese Formulierung doch noch zu einer (eventuell bedingten) Einigung zu kommen.

Mediator: Frau Solenz, Sie sagten gerade „Ja, aber...". Ich höre da bei Ihnen ein prinzipielles Ja heraus, Sie haben jedoch noch Bedenken. Was müsste geschehen, damit aus Ihrem „Ja, aber..." eine volle Zustimmung wird? Beginnen Sie Ihren Satz doch einmal mit „Ja, wenn..."

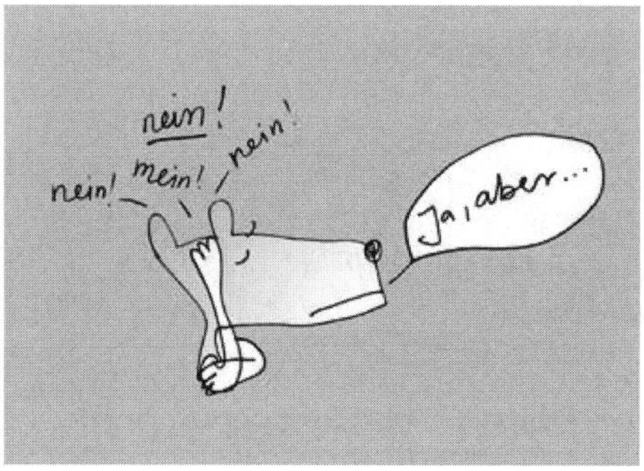

Dieses Reframing (vgl. S. 127) vom Hindernis (aber...) zu seiner Überwindung (wenn...) leistet vor allem dann gute Dienste, wenn die Partei „eigentlich" schon einschwenken will, aber ihre Positionsänderung als Gesichtsverlust ansieht. Das „Ja, wenn..." schafft dann vielleicht die kleine notwendige Brücke, über die doch noch eine Einigung zustande kommt.

Gleiche Interessen / Unterschiedliche Interessen

Am Ende der dritten Phase haben die MediatorInnen die Wünsche und Interessen der Parteien herausgearbeitet. Oft werden sich dabei sowohl gleiche als auch unterschiedliche Bedürfnisse finden. Gemeinsame Interessen sind nicht immer offensichtlich, aber oft vorhanden: Es könnte das gemeinsame Interesse am Erhalt der Beziehung sein oder das gemeinsame Interesse daran, die Mediation nicht scheitern zu lassen oder das Interesse an einem fairen Ergebnis. Frau Lauber und Frau Solenz haben das gemeinsame Interesse an einer guten Zusammenarbeit, an gegenseitiger Wertschätzung der Arbeit, an guter, transparenter Kommunikation. Aus diesen Gemeinsamkeiten erwachsen eine Fülle guter Vorschläge.

Manchmal bereiten aber gerade gemeinsame Interessen in der Lösungsphase Schwierigkeiten. Und zwar dann, wenn der Kuchen begrenzt zu sein scheint, wenn beide dasselbe wollen. Denken wir zurück an das Porträt der Mutter (Kap. 1). In diesem Beispiel wurde das Problem (es gibt nur ein Bild) gelöst, weil die Interessen unterschiedlich waren (Erika ging es um den „Nostalgiewert", also um die Mutter, für Peter ging es um sein

Selbstwertgefühl). Wie hätte der Konflikt gelöst werden können, wenn es beiden um das Andenken an die Mutter gegangen wäre? In diesem Fall sind kreative Lösungsideen gefragt, die beide Seiten zufriedenstellen. Vielleicht ist der Kuchen ja doch größer als zunächst vermutet! In einem Rollenspiel zu diesem Thema haben sich die beiden z. B. darauf geeinigt, eine möglichst exakte Kopie des Bildes anfertigen zu lassen. Sie bekommt (neben dem halben Schätzwert des Originals) die Partei, die finanziell schlechter gestellt ist. In einem anderen Rollenspiel einigte man sich darauf, das Bild jährlich zwischen den Geschwistern auszutauschen und zwar zeitlich, um den Todestag der Mutter herum. Der Austausch wurde so gleichzeitig ein Gedenktag und Familienereignis. In einer dritten Variante einigten sich die Geschwister darauf, das Bild einem Museum zu geben. So würden sowohl der Maler als auch sein Modell gewürdigt. Wieder wird deutlich: Ein Gang vor Gericht hätte diese kreativen Lösungen nicht hervorgebracht. Und: Jede Lösung ist dann (und nur dann) gut, wenn die beiden Parteien sie als gut ansehen.

Bei unterschiedlicher Interessenslage liegt der Schlüssel für eine gute Lösung überraschenderweise gerade in der Differenz. Gerade weil man nicht dasselbe will, sind Übereinkünfte zum beiderseitigen Vorteil möglich.

Jack Sprat could eat no fat,
His wife could eat no lean;
And so betwixt them both, you see,
They lick'd the platter clean.

Jack Sprat durfte kein Fett essen,
seine Frau nichts Mageres, so fiel es
ihnen zusammen nicht schwer,
den Teller leer zu essen.

(engl. Kinderreim)

Nehmen wir noch einmal Frau Lauber und Frau Solenz als Beispiel: Solange sie sich als Konkurrenten sahen, waren Konflikte vorprogrammiert. Aber Frau Solenz sägt gar nicht am Stuhl von Frau Lauber. Sie wünscht sich zwar eine Würdigung ihrer Arbeit, möchte aber ansonsten eher von der Kompetenz ihrer Vorgesetzten lernen und profitieren. Das wiederum kommt Frau Lauber sehr gelegen, denn eine rechte Hand, die sie in der Abteilung unterstützt, kann sie gut gebrauchen.

„Unterschiedliche Interessen" heißt also Nutzenteilung. Die eine Partei gibt da auf oder nach, wo ihr am wenigsten Nachteil entsteht und umgekehrt. Im Idealfall entsteht gar kein Nachteil, sondern die unterschiedlichen

Interessen führen zur klassischen Win-Win-Lösung, wie es der zitierte alte englische Kinderreim illustriert.

Realitätstest: Trägt die Lösung?

Wenn alle Optionen gesammelt und visualisiert worden sind, folgt als nächster Schritt die Diskussion ihrer Brauchbarkeit. Sie werden präzisiert, ergänzt, eventuell in eine sinnvolle zeitliche Reihenfolge gebracht oder aber auch verworfen. Option für Option wird daraufhin abgeklopft, ob sie durchführbar ist, ob sie von beiden Seiten für sinnvoll gehalten wird, ob es ein fairer, sachgerechter Lösungsbeitrag ist.

Frau Solenz hat sich im Brainstorming mehr Zusatzaufgaben, also mehr Verantwortung gewünscht. Fr. Lauber kann damit zwar prinzipiell übereinstimmen, aber möchte sich (noch) nicht auf konkrete Maßnahmen festlegen. Die beiden vereinbaren deshalb, diesen Wunsch vorerst nicht zu konkretisieren, sondern in späteren gemeinsamen Gesprächen wieder aufzunehmen („prinzipielle Einigung“, vgl. S. 99) – Frau Lauber möchte, dass sich Frau Solenz bei Frau Ehlers entschuldigt. Das lehnt Frau Solenz ab. Sie ist aber bereit, ein Gespräch mit Frau Ehlers im Beisein von Frau Lauber zu führen, in dem auch die Anteile von Frau Ehlers zur Sprache kommen. Dieser modifizierte Vorschlag wird in die Vereinbarungen übernommen.

DVD 12

Wenn sich eine Lösungsidee als sehr komplex herausstellt und sich die Diskussion über ihre Realisierbarkeit deshalb verzettelt, hilft die Methode der Sternanalyse, die im Methodenteil ausführlich vorgestellt wird (Kap. 12). Eine weitere hilfreiche Methode zum Test der Realisierbarkeit ist das Best Case-Worst Case-Szenario (vgl. S. 109).

Maßstab für die Brauchbarkeit der Lösungsoptionen ist nicht Meinung und Empfindung der MediatorInnen, sondern der MediantInnen. Sie sind „die Experten ihres Konflikts“. Auch Lösungen, die MediatorInnen nicht wählen würden, können für die Parteien sinnvoll und stimmig sein. Nur wenn die Optionen beispielsweise dritte Seiten benachteiligen oder wenn offensichtliche gesetzliche Regelungen dagegen sprechen, wird der Mediator oder die Mediatorin intervenieren.

Keine Rechtsberatung

Überhaupt ist es in manchen Fällen absolut notwendig, Expertenrat oder juristische Beratung in Anspruch zu nehmen, bevor die gewählten Optionen zu verbindlichen Vereinbarungen werden. Das gilt z. B., wenn ein Mediator, der nicht zugleich Jurist ist, mit einem Ehepaar Trennungsvereinbarungen erarbeitet. Oder wenn ein Bauvorhaben in Diskussion ist, aber noch Grundbucheintragungen oder Umweltlasten auf dem Grundstück zu klären sind. An diesen Beispielen wird deutlich, dass der Mediator in der Lösungsphase sehr umsichtig handeln muss, damit einer Partei nicht ungewollt Schaden entsteht. MediatorInnen, soweit sie nicht Juristen sind, dürfen keine Rechtsberatung tätigen. Sie werden die MediantInnen immer darauf hinweisen und sie bei entsprechenden Fragestellungen bitten, zusätzlichen Rechtsbeistand oder Expertenmeinungen zu Rate zu ziehen.

Wenn alles nichts nützt...

Nicht jede Mediation endet mit einer Lösung, die von beiden Seiten akzeptiert werden kann. Natürlich ist ein Abbruch der Mediation gerade in der Lösungsphase besonders wahrscheinlich, weil hier nach allem kommunikativen Vorlauf die „Stunde der Wahrheit“ schlägt: Haben die Parteien Lösungsmöglichkeiten gefunden und werden sie von beiden Seiten akzeptiert? Der Mediator kann einen solchen Abbruch leicht als persönliche Niederlage empfinden, auch wenn er alles in seiner Macht Stehende getan hat. Deshalb sei an dieser Stelle noch einmal daran erinnert (vgl. S. 52), dass der Mediator oder die Mediatorin NICHT verantwortlich ist für die inhaltliche Seite der Mediation, sondern für das Verfahren, also den Gesprächsprozess (weswegen MediatorInnen auch kein Erfolgshonorar nehmen, sondern ein Aufwandshonorar).

Aber auch wenn die Mediation ohne Vereinbarung abgebrochen werden muss: In vielen Fällen sind die Streitparteien doch weitergekommen. Sie haben ihren Konflikt besser kennengelernt. Sie haben mehr Verständnis füreinander gewonnen. Sie wissen besser, warum der Konflikt (vielleicht trotz besten Willens) zur Zeit nicht auf mediativem Weg gelöst werden konnte. Sie haben gelernt, einander zuzuhören und auf die gegenseitigen Interessen zu achten. Das alles ist (im Idealfall) erreicht worden, auch wenn es zu keiner Vereinbarung kam. Deshalb wird der Mediator oder die Mediatorin das Gespräch auch nicht mit einem negativen Vorzeichen enden lassen („Schade, dass wir gescheitert sind..."), sondern das Erreichte noch einmal herausstellen. Er oder sie wird den Konfliktparteien keine Schuld zuweisen (auch nicht unterschwellig), sondern ihnen Mut machen für die Zukunft:

„Auch wenn wir heute keine konkrete Vereinbarung erzielt haben, sind wir einen guten Schritt weitergekommen. Ich habe Sie im Gesprächsverlauf immer konstruktiver erlebt. Sie können sich jetzt trotz bestehender Differenzen in die Augen sehen. Ich glaube, Sie werden den Konflikt noch auf gute Weise lösen. Vielleicht muss einfach etwas Zeit ins Land gehen (vielleicht brauchen Sie noch etwas emotionalen Abstand... vielleicht sollten Sie sich noch mehr Informationen einholen... vielleicht überdenken Sie in Ruhe Ihre Alternativen...) Wenn Sie einen neuen Anlauf nehmen wollen, wäre ich zu einer Neuauflage unseres Gesprächs gerne bereit."

Checkliste Lösungssuche

Ziel: Die Parteien erarbeiten eine einvernehmliche Lösung. Die MediatorInnen unterstützen sie mit hilfreichen Methoden.

Ablauf:

- **Gleiche und unterschiedliche Interessen benennen**
- **ggf. Problemliste aufstellen, Teilprobleme nacheinander abarbeiten**
- **Lösungsvorschläge erarbeiten**
- **Vorschläge und Optionen diskutieren, bewerten, auswählen**
- **Realitätstest (Trägt die Lösung?)**

Hilfreiche Methoden:

- **Brainstorming**
- **Suche nach objektiven Kriterien**
- **Suche nach dem möglichen Einigungsgrad**
- **Einzelgespräche**
- **Sternanalyse**
- **Ja-wenn-Sätze (statt Ja-aber-Sätze)**

Wenn alles nichts nützt:
Abbrechen
Empathie zeigen (keine Schuldzuweisungen)
Empowerment (Selbstwertgefühl der Parteien stärken)

So machen wir's!

Phase 5 – Vereinbarungen

DVD 06

Nachdem sich die Parteien auf gemeinsame Lösungen geeinigt haben, scheint das Ausformulieren der Vereinbarungen reine Formsache zu sein. Das ist jedoch selten der Fall, weil jetzt die schönen Lösungen noch den letzten Härtetest bestehen müssen: ihre Konkretisierung in Wort und Schrift. Dabei tauchen manchmal ganz unvermutete Fragen und Tatbestände auf, die alles noch einmal in Frage stellen können. Manchmal ist es sogar notwendig, in die Lösungs-, wenn nicht gar in die Konfliktherhellungsphase zurückzugehen, um mit diesen neuen Gegebenheiten sauber umgehen zu können. In der Regel jedoch geht es in der Vereinbarungsphase darum, den Einigungspakt so festzuzurren, dass er umgesetzt werden kann. Daneben werden die MediatorInnen versuchen, die gegenseitige Wertschätzung der Parteien zu verstärken und ihnen das Gefühl zu geben, gemeinsam etwas Wichtiges erreicht zu haben. Wenn der Streit anfangs emotional sehr belastet war, ist jetzt die Gelegenheit zu gegenseitiger Versöhnung und zu einem Neuanfang in ihrer Beziehung gekommen.

Wie lassen sich Vereinbarungen auf ihre Umsetzbarkeit überprüfen? Nach Lawrence Susskind und Jeffrey Cruikshank (Braking the Impasse 1987;

zitiert nach Besemer S. 80) müssen gute Mediationsvereinbarungen fair, effizient, vernünftig und stabil sein.

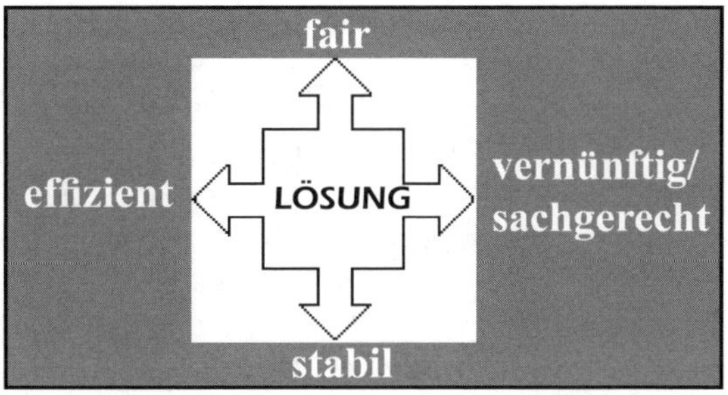

Fair

Ob das Ergebnis fair ist, müssen die Konfliktparteien selber entscheiden. Wenn eine Partei das Ergebnis nicht als fair empfindet, dann besteht dringender Handlungsbedarf! Es geht also nicht nur um objektive, messbare Fairness (z. B. beim Auseinanderdividieren des Hausrats in einer Trennungsmediation), sondern auch um „gefühlte“ Fairness: Hat der Mediator die Allparteilichkeit gewahrt oder hat er auf eine Seite Druck ausgeübt? Fühlen sich die Parteien in ihren Anliegen verstanden? Sind ihre Bedürfnisse im Ergebnis angemessen gewürdigt und berücksichtigt worden?

Effizient

Mancher gute Lösungsvorschlag scheitert an den Kosten. Oder am organisatorischen Aufwand. Oder an unrealistischen Zeitvorgaben. Der Aufwand muss in einem guten Verhältnis zur Lösung stehen. Was nützt eine geniale Lösung, wenn sie die vorhandenen Ressourcen nicht in die Betrachtung einbezieht? Wieder sind die MediantInnen die Parteien, die am besten beurteilen können, ob sich die Lösung für sie dem Aufwand nach lohnt. Denn nicht immer ist die effizienteste Lösung die beste. Manchmal ist ein Arbeitgeber zu erheblichen finanziellen Zugeständnissen bereit, um einen guten Mitarbeiter zu halten. Doch irgendwo ist auch für ihn die Grenze erreicht, wo die Effizienz eine ausschlaggebende Rolle spielt.

Vernünftig/Sachgerecht

Auch diese Kriterien lassen sich schlecht verobjektivieren, können aber von den Parteien gut nachempfunden werden. Wiederum gilt: BEIDE Parteien müssen das Ergebnis als vernünftig und sachgerecht empfinden. In unserer ersten Beispielgeschichte verbindet Erika starke Gefühle mit dem Porträt ihrer Mutter. Auch eine hohe Geldsumme wäre für sie keine sachgerechte Lösung. Wer andererseits auf den finanziellen Wert des Bildes schaut, wäre mit einer Kopie auch bester Qualität nicht zufrieden. Oder nehmen wir Frau Solenz: Ihre Versetzung in eine andere Abteilung wäre bei den von ihr geäußerten Bedürfnissen nicht vernünftig. Sie will ja von Frau Lauber lernen und sucht ihre Wertschätzung. Eine Versetzung würde zwar vordergründig den Konflikt beruhigen, aber nicht wirklich lösen.

Stabil

Damit sind wir schon beim vierten Kriterium: Denn die Versetzung von Frau Solenz wäre weder vernünftig noch stabil. Zu irgendeinem späteren Zeitpunkt und ganz unvermutet würde die alte Rivalität zu Frau Lauber wieder entbrennen und die Geschäftsleitung in Atem halten. Weil Arbeitskonflikte dieser Art noch selten mediativ bearbeitet werden, greifen Geschäftsleitungen (in dem Wissen um die Instabilität von Lösungen, die die Beziehungsebene ausklammert) zum Mittel der Kündigung. Das allerdings ist meistens eine nicht nur stabile (weil endgültige), sondern auch sehr kostenintensive Lösung. Mediation als Konfliktlösungsverfahren hat den Vorteil, dass sie durch die Einbeziehung der Beziehungsebene zu fairen, effizienten, sachgerechten und stabilen Lösungen führt.

Gegencheck: Wünsche/Interessen aus Phase 3

Ein wichtiger Schritt bei der Überprüfung der Vereinbarungen ist die Gegenkontrolle mit den in Phase 3 formulierten Interessen, Wünschen und Bedürfnissen: Werden sie von den Vereinbarungen angemessen widergespiegelt? Sind alle Interessen berücksichtigt? Und falls nein: Gibt es dafür gute Gründe, die besprochen worden sind? Können die Parteien mit eventuellen Einschränkungen leben?

Sollte der Mediator oder die Mediatorin an dieser Stelle das Gefühl haben, dass eine Partei sich in den Vereinbarungen doch nicht wie gewünscht wiederfindet, muss er oder sie sicherstellen, dass auf keiner Seite Enttäuschungen entstehen oder zurückbleiben.

Mediator: Frau Solenz, Sie hatten sich mehr Verantwortung und zusätzliche Aufgaben gewünscht. In den Vereinbarungen ist das nicht festgeschrieben. Sie haben nur vereinbart, dass Frau Lauber mit Ihnen darüber Gespräche führen möchte. Wie zufrieden sind Sie mit dieser Vereinbarung?

Frau Solenz: Das ist schon okay so. Natürlich wünsche ich mir mehr Verantwortung, ich verstehe aber auch, dass Frau Lauber hier und heute mit mir nichts Konkretes beschließen kann. Ich finde es schon ganz toll, dass wir regelmäßige gemeinsame Gespräche vereinbart haben.

Best Case - Worst Case

In der Lösungsphase haben MediatorInnen gelegentlich mit euphorischen Stimmungen und entsprechenden Lösungsansätzen zu kämpfen. Wenn die Mediation gut verlaufen ist, sind die vorher verfeindeten Parteien jetzt froh, wieder miteinander sprechen zu können. Im Überschwang der Gefühle werden dann Vereinbarungen getroffen, die unrealistisch sind oder zukünftige Schwierigkeiten zu wenig berücksichtigen. Spätestens jetzt, in der Phase konkreter Vereinbarungen, erinnert der Mediator oder die Mediatorin die Parteien daran, dass gute Lösungen auch auf Widerstände aller Art stoßen können. Eine gute Methode dafür ist das „Best Case-Worst Case"-Szenario. Der Mediator fragt die Parteien, welche Hindernisse und Probleme zu erwarten wären, wenn man vom schlimmsten Fall ausgeht (worst case). Gibt es tatsächlich solche Befürchtungen, so überlegen die Parteien gemeinsam, wie man ihnen konkret begegnen könnte. Damit ändern sich vielleicht die Vereinbarungen, und die Parteien sind wieder obenauf. Erneut stellt der Mediator die Frage: Was könnte jetzt – mit unseren überarbeiteten Vereinbarungen – im schlimmsten Fall noch schiefgehen? Dann werden die Vereinbarungen wieder angepasst, und das Spiel setzt sich fort, bis keine Hindernisse oder Probleme mehr erwartet werden. Je komplexer ein Konflikt ist und je differenzierter die entsprechenden Vereinbarungen sind, desto hilfreicher erscheint diese Kontrollmethode, die auch unter dem Namen „Loop of Understanding" bekannt ist.

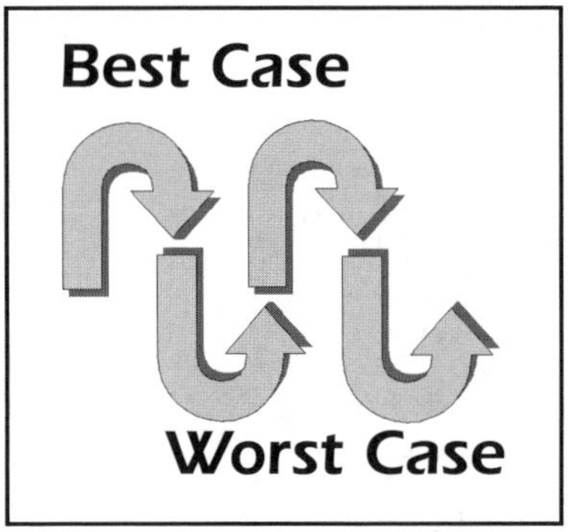

BATNA – Beste Alternative zum Verhandlungsergebnis

Eine weitere Möglichkeit, das erzielte Ergebnis zu überprüfen, besteht in der Frage: „Wenn diese Mediation scheitern würde – was wäre dann meine beste Alternative dazu?" Auch diese Anregung kommt vom Harvard Konzept. BATNA steht hier für *Best Alternative to Negotiated Agreement.* Nehmen wir noch einmal den Fall Lauber/Solenz. Frau Lauber säße beim Scheitern der Verhandlungen vermutlich am längeren Hebel, jedenfalls dann, wenn sie im Fall weiterbestehender Konflikte die Möglichkeit (d.h. die Macht) hätte, Frau Solenz zu kündigen. Wenn das nicht gelänge, hätte sie in ihrer Abteilung keine Ruhe und wohl mittelfristig auch keinen Erfolg. Umgekehrt könnte Frau Solenz ihren Wunsch nach beruflicher Förderung beim Scheitern der Mediation wohl nur durch Versetzung oder Kündigung erreichen. Wenn sie schon ein attraktives Alternativangebot hat, kann sie wesentlich entspannter in die Mediation gehen und das erzielte Ergebnis mit ihrer Alternative gut vergleichen und bewerten. Wenn sie sich jedoch aufgrund des Arbeitsmarktes und ihrer Situation wenig Chancen für eine adäquate neue Stelle ausrechnet, wird das Mediationsergebnis einen anderen Stellenwert haben. Der Satz „Ich bin mit dem Mediationsergebnis zufrieden“ hängt also auch von der Frage nach meiner besten Alternative zum Verhandlungsergebnis ab.

Haben wir SMARTe Vereinbarungen getroffen?

Specific	**spezifisch**
Measuarable	**messbar**
Achievable	**erreichbar**
Realistic	**realistisch**
Tangible	**konkret**

nach Hyrum W. Smith

Abfassung der Vereinbarungen

In welcher Form die Vereinbarungen abgefasst werden, hängt sehr von der Art und den Umständen der Mediation ab. Eine Vereinbarung im Familienkreis kann anders aussehen als in einem Wirtschaftsunternehmen, in dem eventuell mehrere Rechtsanwälte an den Formulierungen beteiligt sind. Trennungsvereinbarungen eines Paares oder eine Erbschaftsregelung bedürfen vielleicht der notariellen Niederlegung, politische Vereinbarungen vielleicht sogar der parlamentarischen Zustimmung. Im zwischenmenschlichen Bereich reichen oft die Formulierungen an der Flipchart, die dann von den Parteien unterzeichnet und nach dem Abphotographieren an alle Beteiligten geschickt werden.

Der Vereinbarungstext wird in vielen Fällen von den MediatorInnen ausformuliert. Dabei sollten sie sehr um eine positive Sprache bemüht sein. (Nicht: „Frau Solenz wird keine schlechte Stimmung gegen Frau Lauber machen.“ Sondern besser: „Frau Solenz und Frau Lauber vereinbaren regelmäßige Besprechungen, um Differenzen zu klären und gegenseitiges Vertrauen aufzubauen.“) Je allgemeinverständlicher die Vereinbarung formuliert werden kann, desto besser. Auch wer nicht bei der Mediation dabei war, sollte den Text verstehen können.

Umgekehrt sollte die Vereinbarung nur das enthalten, was in der Mediation besprochen worden ist. Wird die Vereinbarung nachträglich ausformuliert und ergeben sich Zweifel über einen Sachverhalt oder eine Formulierung, so kann der Mediator oder die Mediatorin mit den Parteien (z. B. telefonisch) Rücksprache halten. Im Sinne der Allparteilichkeit ist auch hier geboten, mit beiden Seiten zu sprechen.

Ein-Text-Verfahren

Bei der Suche nach einer beidseitig akzeptablen Vereinbarung hat sich auch das sogenannte Ein-Text-Verfahren bewährt: Eine der Parteien (oder die MediatorInnen) formulieren einen ersten Entwurf, der dann reihum geht und von den Parteien ergänzt und verändert werden darf. Erst wenn es von keiner Seite mehr Änderungen gibt, gilt die Vereinbarung als ausformuliert.

Allen Vereinbarungen ist gemeinsam, dass sie

- schriftlich verfasst und unterzeichnet werden
- für die Beteiligten verständlich und nachvollziehbar sind und
- die gegenseitigen Aufgaben und Pflichten möglichst konkret erfassen (wer, was, wann, wo, wie lange)

Dazu kommen je nach den Umständen

- Geltungsbereich, Geltungszeitraum
- Kontrollmechanismen zur ordnungsgemäßen Umsetzung
- Konsequenzen / Sanktionen bei Nichteinhaltung
- die Thematisierung vorhersehbarer Probleme

Insbesondere kann es sinnvoll sein, für den Fall künftiger Konflikte weitere Mediationen zu vereinbaren.

Symbolische Abschlussgeste

Je nach Fall kann es sehr schön sein, wenn man am Ende der Mediation eine kleine symbolische Abschlussgeste einplant. Vom Handschlag bis zum Gläschen Sekt ist alles denkbar. Besonders wenn die Parteien durch die Mediation ihre Beziehung wieder verbessert oder gar wiederhergestellt haben, entfalten Versöhnungsgesten große Wirkung und fördern den Umsetzungswillen der Beteiligten. Bei einer umfangreicheren Mediation über mehrere Wochen könnte der Mediator oder die Mediatorin die Parteien auch mit einem Blumenstrauß, verbunden mit der Anerkennung der geleisteten Konfliktarbeit, belohnen.

Überhaupt sind die MediatorInnen am Ende der Mediation voller Lob

- über den Einigungswillen der Parteien
- über ihre Bereitschaft aufeinander zu hören und die Interesssen der anderen Seite wahrzunehmen
- über ihr Durchhaltevermögen, auch wenn es manchmal kritisch wurde
- über ihre gute Entscheidung, den Konsens zu suchen und nicht die gerichtliche Auseinandersetzung
- über das Entgegenkommen, das sie im Interesse ihrer guten Beziehung gezeigt haben
- über ihrer Ehrlichkeit und Offenheit
- über ihren verantwortlichen Umgang mit dem Konflikt, den sie nun so gut gelöst haben

Das Lob scheint übertrieben (und ist natürlich auch nicht als abzuarbeitende Checkliste zu sehen), aber nach den vorausgegangenen Verletzungen, Verunsicherungen und Auseinandersetzungen ist jedes anerkennende Wort Balsam für die Seelen, baut die Parteien auf und stärkt ihre Ressourcen für zukünftige Konflikte.

Nach der Unterzeichnung der Vereinbarungen hat der Mediator oder die

Mediatorin manchmal das Gefühl, dass noch nicht alles gesagt ist. Vielleicht liegt die Bereitschaft zur Entschuldigung oder Versöhnung in der Luft, und der Mediator sollte den Mut haben, solche Gelegenheiten nicht verstreichen zu lassen. Er könnte die Parteien fragen: „Bevor wir schließen – gibt es noch etwas, das Sie sich hier und heute sagen möchten?“ Natürlich wird der Mediator oder die Mediatorin keinen wie immer gearteten Druck ausüben. Aber er oder sie kann die Gunst des Augenblicks nutzen und den Konflikt auch auf emotionaler Ebene zu einem guten Abschluss bringen.

Nachgespräch

Um die Parteien bei der Umsetzung der Mediationsvereinbarungen zu unterstützen, bieten MediatorInnen Nachgespräche an. Hier geht es jedoch weniger um Kontrolle als um Bestätigung und eventuelle Nachbesserung. Immer wieder zeigt es sich, dass trotz aller Sorgfalt bei der Abfassung von Vereinbarungen unvorhergesehene Hindernisse auftauchen, die Nachjustierungen oder Änderungen der Vereinbarungen notwendig machen.

Zumindest jedoch sollte der Mediator oder die Mediatorin eine telefonische Rückmeldung ankündigen, um sich vom Funktionieren der Vereinbarungen überzeugen und bei Schwierigkeiten eventuell doch noch eingreifen zu können. Wenn die Umsetzung der Lösungsvereinbarungen auch in der Verantwortung der Betroffenen liegt, gehören Anteilnahme und Empathie der MediatorInnen doch zu der Haltung, die Konflikte vermeiden oder zumindest mindern helfen möchte.

Checkliste Vereinbarungen

Ziel: Kontrolle des Einigungspaktes, Bekräftigung der Einigung, (schriftlicher) Vertrag, Versöhnung

Ablauf:

- **Überprüfung des Einigungspaktes**
  Umsetzung und Kontrolle, Umgang mit künftigen Problemen
- **Schriftliche Vereinbarung**
- **Unterschrift MediantInnen und MediatorInnen**
- **Symbolische Abschlussgeste...**

Hilfreiche Methoden:

- **Testfragen**
- **Best Case - Worst Case - Szenario**
  Die Umsetzung in den Blick bekommen
- **Sternanalyse**
- **Beste Alternative zum Verhandlungsergebnis**
  BATNA: Best Alternative to Negotiated Agreement
- **Ein-Text-Verfahren**

Kontrollfragen (nach Besemer):
Sind andere Möglichkeiten ausreichend geprüft worden?
Werden dadurch wirklich alle Probleme gelöst?
Wurden die Konsequenzen der Lösung ausreichend bedacht?
Wird die Lösung in der Realität funktionieren?
Wollen alle auch wirklich diesen Plan ausführen?

Methodenkoffer

Die wichtigsten Werkzeuge des Mediators

DVD ab 07

Jeder Beruf hat seine charakteristischen Werkzeuge. Zum Schornsteinfeger gehört der Kehrbesen und das Schultereisen. Beim Zimmermann erwartet man Hobel oder Stemmeisen. Die Sekretärin ist ohne PC und Terminkalender nicht denkbar. MediatorInnen arbeiten mit Techniken der Moderation und der Kommunikation. Sie hören, reden, interagieren, visualisieren. Davon sichtbar ist die Flipchart oder eine Moderationswand, Kärtchen, Klebepunkte, Moderationsstifte. Das wichtigste Werkzeug ist jedoch der Mediator oder die Mediatorin selbst: seine und ihre Grundhaltung der Empathie, der unterstützenden, Perspektiven öffnenden Kommunikation. „MediatorInnen kommunizieren mit allen Sinnen“ (vgl. S. 50 ff.).

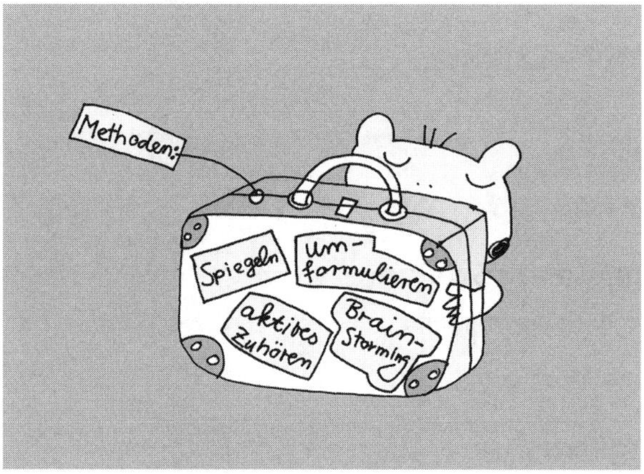

Die wichtigsten Kommunikationswerkzeuge der MediatorInnen sind bereits an vielen Stellen genannt worden. In diesem Kapitel liegt der Fokus nicht auf dem Mediationsprozess oder auf der Grundhaltung der MediatorInnen, sondern auf den Werkzeugen selber. Dazu sei noch einmal an das in der Einleitung Gesagte erinnert: Mediieren lässt sich aus Büchern nicht lernen. Wir können die Werkzeuge nur beschreiben; den Umgang mit ihnen lernt man nur im Ausprobieren, im praktischen Tun.

Alle in diesem Kapitel vorgestellten Methoden werden am Kapitelende noch einmal übersichtlich zusammengefasst (ab S. 138).

1. Aktives Zuhören

DVD 03

Wir stehen in der größten Gefahr, den anderen falsch zu verstehen, wenn wir meinen, wir verstehen ihn. Und zwar, weil wir in diesem Fall gar nicht auf die Idee kommen, das Gehörte zu spiegeln und uns rückzuversichern. Auch deshalb ist das Aktive Zuhören ein Grundhandwerkszeug in der Mediation. „Aktiv" heißt in der Mediation nämlich, dass wir nicht nur aktiv hinhören, sondern durch entsprechende Rückmeldungen unser Verstehen signalisieren und überprüfen.

Je nach Situation kann die Rückmeldung bestehen aus

Wir stehen in der größten Gefahr, den anderen falsch zu verstehen, wenn wir meinen, wir verstehen ihn.

- einer möglichst genauen Wiedergabe des Gehörten (spiegeln)
- einer Beschränkung auf das Wesentliche (zusammenfassen)
- einer veränderten Wiedergabe des Gehörten (umformulieren)

Entsprechend meiner Absicht könnte ich die Rückmeldung z. B. einleiten mit den Worten

- „Darf ich noch einmal wiederholen, um zu sehen, ob ich alles richtig mitbekommen habe?"
- „Ich fasse also noch mal zusammen."
- „Was ich bei Ihnen heraushöre, ist..."

Die Reaktion des Gegenübers zeigt mir, ob ich das Gehörte richtig verstanden habe. Wenn eine Korrektur kommt, werde ich auch diese noch einmal rückmelden, mich also erst zufrieden geben, wenn mein Gesprächspartner verbal oder durch seinen Körperausdruck bestätigt: Ja, Sie haben mich richtig verstanden.

In Kap. 3 (ab S. 40) haben wir herausgearbeitet, dass der Mediator oder die Mediatorin zu den Wünschen, Interessen, Bedürfnissen der Medianten vordringen muss und dass der Weg dorthin oft über die geäußerten Gefühle führt. Entsprechend hören wir immer gleichzeitig auf drei Ebenen, was intensiv geübt sein will. Wir unterscheiden

- die Sachebene (Worum geht es? – Die „Sache“ kann natürlich auch ein Beziehungsproblem sein.)
- die Gefühlsebene (Welche Gefühle werden bewusst oder unbewusst mitgeteilt?)
- die Bedürfnisebene (Was wünscht sich der Gesprächspartner oder die Gesprächspartnerin vom anderen?)

Eine Rückmeldung könnte also z. B. lauten: „Sie arbeiten also schon drei Jahre in Ihrer Firma und haben immer noch keine Arbeitsbeschreibung. Darüber sind Sie enttäuscht, weil man sie Ihnen schon mehrmals in Aussicht gestellt hat. Sie wünschen sich mehr Klarheit in Ihrem Arbeitsbereich, Sie sagen, Sie brauchen mehr Struktur und Sicherheit.“

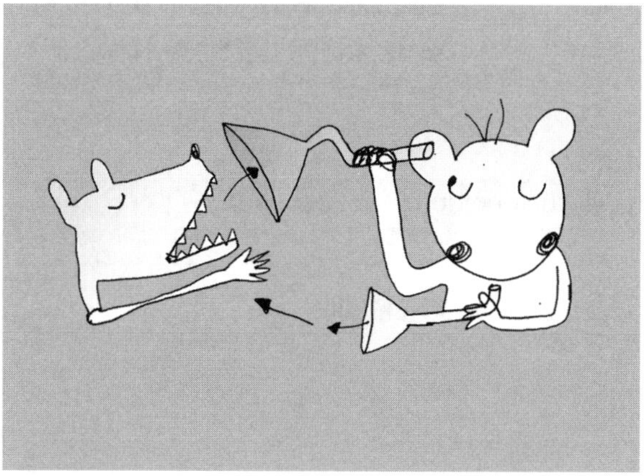

Damit Aktives Zuhören wirklich gelingt, müssen wir uns etwas abgewöhnen, was unsere Gesprächsgewohnheiten oft maßgeblich beeinflusst: das Vor-denken und das Vor-formulieren. Wir sind es gewöhnt, während der andere noch spricht, bereits über unsere Antwort nachzudenken. Der oder die andere könnte ja plötzlich mit dem Reden aufhören, es könnte eine Verlegenheitspause entstehen. MediatorInnen haben Mut zur nachdenklichen Pause. Und das Aktive Zuhören beinhaltet auch keine Erwiderung, keine Antwort, sondern eine Rückmeldung des Gehörten, auf das sie sich deswegen konzentrieren müssten. MediantInnen sind nicht pikiert, sondern im Gegenteil erleichtert oder positiv überrascht, wenn sie merken: Die MediatorInnen nehmen sich Zeit, das Gehörte aufzunehmen, wiederzugeben, zu verstehen.

Zwei Erscheinungsformen von Dialogpartnern bereiten MediatorInnen besondere Schwierigkeiten: die Vielredner und die Schweiger. Vielredner müssen immer wieder unterbrochen werden, damit der Umfang des Rückzumeldenden nicht unüberschaubar groß wird. Sie empfinden die Unterbrechung aber nicht selten als Erleichterung, weil sie (jedenfalls ein bestimmter Typus) gerade deswegen so viel reden, weil sie meinen, nicht verstanden zu werden. So wiederholen sie ihr Anliegen wieder und wieder. Die zusammenfassende Rückmeldung des Mediators oder der Mediatorin zeigt dem Vielredner, dass sein Anliegen angekommen ist.

Schweiger locken wir mit offenen Fragen, also Fragen, die nicht mit Ja oder Nein (gut, schlecht, manchmal, viel ...) beantwortet werden können: „Sie waren also im Urlaub?“ – „Ja“ – „Wie war denn Ihr Urlaub?“ – „Ganz gut.“ – „Erzählen Sie doch mal: Was war ihr eindrucksvollstes Urlaubserlebnis?“ Erst die letzte Frage wird dem Schweiger (vielleicht) ein längeres Statement entlocken. Im Extremfall (das gilt auch für Vielredner) kann es sinnvoll sein, in die Meta-Kommunikation zu gehen, also das auffällige Verhalten zu thematisieren: „Ich erlebe Sie als sehr still. Ich frage mich, ob es einen bestimmten Grund hat, denn es fällt mir aufgrund Ihrer Zurückhaltung schwer, Ihre Sicht zu verstehen.“

2. Ich-Botschaften

Mit Ich-Botschaften informieren Sie Ihr Gegenüber darüber, wie Sie die aktuelle Situation aus Ihrer Warte sehen. Sie sagen ihm, welche Gefühle, Empfindungen und Gedanken sein Verhalten oder sein Wortbeitrag ausgelöst haben. Diese Gefühle können positiv oder negativ sein: DVD 07

„Unsere Sitzung ist meines Erachtens gut verlaufen. Das halte ich in Anbetracht der schwierigen Themen für nicht selbstverständlich. Ich freue mich darüber und finde, das schafft prima Voraussetzungen für die Fortsetzung unserer Diskussion."

„Herr Hauser, ich empfinde die Gespräche, die Sie mit Ihrem Nachbarn führen, als äußerst störend. Ich habe Mühe, mich auf den Vortrag zu konzentrieren. Es wäre mir eine große Hilfe, wenn Sie beide ihren Austausch auf die Pause verlegen könnten."

Ich-Botschaften lassen uns den Zuhörer ins Herz sehen. Sie spiegeln unsere eigene innere Wirklichkeit wider, ohne den Anspruch zu erheben absolute Wahrheiten zu sein. Ich-Botschaften können objektiv richtig oder falsch sein – für mich persönlich sind sie stimmig.

Ich-Botschaften haben im Idealfall drei notwendige und zwei optionale Bestandteile. Sie bestehen aus

Wir machen einen VORWURF, weil wir aus irgendeinem Grund ENTTÄUSCHT wurden und etwas anderes ERWARTET hatten. Statt eines Vorwurfs könnten wir die Erwartung auch als WUNSCH äußern!

- der Beschreibung des positiven oder negativen Verhaltens Ihres Gegenübers
- der Beschreibung der dadurch ausgelösten Gefühle, Empfindungen, Gedanken
- der Begründung, warum Sie sich über das positive Verhalten freuen oder warum das angesprochene Verhalten ein Problem für Sie darstellt

und optional aus

- dem Wunsch nach Verstärkung des positiven bzw. Veränderung des negativen Verhaltens
- der Beschreibung eines möglichen eigenen Beitrags zur Problemlösung

Ich-Botschaften sind ein unentbehrlicher Bestandteil „gewaltfreier Kommunikation" (Rosenberg), d. h. wir setzen unsere Gesprächspartner nicht unter Druck.

Bedrängende Kritik: Es ist eine absolute Gemeinheit, dass du Maria von unserem Gespräch erzählt hast. Du kannst einfach nicht den Mund halten. Wenn du das Gequatsche nicht lässt, rede ich mit dir kein Wort mehr."

Ich-Botschaft: Dass du Maria von unserem Gespräch erzählt hast, hat mich sehr wütend gemacht, denn wir hatten Vertraulichkeit vereinbart. Bitte halte dich an unsere Absprachen, sonst fällt es mir schwer, dir etwas anzuvertrauen.

Ich-Botschaften ermöglichen spannungsfreiere, nicht verletzende und trotzdem ehrliche Kritik. Vor allem: Unsere Gefühle z. B. des Ärgers, der Resignation, der Enttäuschung, der Wut werden nicht ignoriert, sondern benannt. Das mag weniger befriedigen als sie im Toben, Schreien oder Weinkrampf auszuleben. Aber durch das Benennen fällt es der anderen Seite leichter, sie anzunehmen und in auch für uns besserer Weise darauf zu reagieren. So wird die Eskalationsspirale unterbrochen und der Beziehungsabbruch verhindert. Beziehungen werden durch Ich-Botschaften oft sogar verbessert, weil sie Konflikte (aus Angst vor den negativen Folgen) nicht unter Verschluss halten, sondern offenbaren. Offenheit und Transparenz werden so zu beziehungsfördernden Ventilen. Die Beziehungspartner lernen sich besser kennen und besser respektieren.

3. Umformulieren

Konfliktgegner, die in die Mediation kommen, kennen selten die Technik der Ich-Botschaften – und wenn sie sie kennen, fällt ihnen die Anwendung schwer. Entweder fehlt ihnen die praktische Handhabung (und die Methode kommt ihnen deshalb gekünstelt vor), oder sie sind emotional so sehr in den Konflikt verstrickt, dass ihnen der souveräne Umgang damit nicht mehr möglich ist. Hier kommen wieder die MediatorInnen ins Spiel. Es ist ihre Aufgabe, durch ihr Vorbild den Parteien zu helfen, ihren Konflikt über Ich-Botschaften zu kommunizieren. Dies geschieht durch die Zuhilfenahme einer weiteren Gesprächstechnik, des Umformulierens. So entstehen aus Du-Botschaften indirekte Ich-Botschaften:

DVD 07

Frau Lauber: Ich finde es bescheuert, dass Sie hinter meinem Rücken immer so schlechte Stimmung gegen mich machen!
MediatorIn: Sie sagen, dass Sie schon mehrmals beobachtet haben, dass Frau Solenz Sie in Ihrer Abwesenheit kritisiert. Und das ärgert Sie. Sie wünschen sich, dass Frau Solenz mit ihrer Kritik direkt zu Ihnen kommt.

Frau Solenz: Und Sie, was machen Sie? Sie behandeln mich als wäre ich ein AZUBI! Dabei hatten Sie, als Sie anfingen, doch keine Ahnung, was bei uns läuft!
MediatorIn: Sie finden, dass Ihre Arbeit nicht angemessen gewürdigt wird. Darüber sind Sie enttäuscht, weil Sie Frau Lauber am Anfang ihrer Tätigkeit intensiv eingearbeitet haben.

Frau Lauber: Also das ist wieder typisch. Immer lenken Sie vom Thema ab. Ich weiß gar nicht, was Sie gegen mich haben!
MediatorIn: Sie möchten noch einmal auf die Kritik von Frau Solenz zurückkommen. Sie möchten verstehen, warum Sie Frau Solenz bei anderen kritisiert und warum sie nicht mit Ihnen persönlich spricht.

Die Technik des Umformulierens bewirkt also, dass verletzende oder bedrängende Kritik der MediantInnen in eine „genießbare“ Form gebracht wird. Dabei helfen die MediatorInnen, die berechtigten Anliegen und Wünsche der Parteien sichtbar zu machen. Verletzungen können benannt, Wünsche geäußert werden, ohne dass sich jemand angegriffen oder bedroht fühlen muss. Insofern sind sowohl Ich-Botschaften als auch die Technik des Umformulierens geeignete Werkzeuge, um den Hauptsatz des Harvard-Konzeptes zu verwirklichen: Gehe das Problem an und nicht die Menschen (vgl. S. 23).

DVD 04

4. Perspektivenwechsel

Den Perspektivenwechsel als wichtiges Instrument in der Konflikterhellungsphase haben wir bereits in Kap. 9 (S. 87 f.) vorgestellt. Nur wenn es gelingt, dass die Parteien Verständnis für die jeweils andere Seite gewinnen, wird eine Verständigung möglich. Und der Perspektivenwechsel ist einer unserer „Hebel“, mit dem wir diesen Stein ins Rollen bringen können.

Der einfachste und direkteste Weg, einen Perspektivenwechsel anzustoßen, ist, eine geeignete Frage zu stellen: „Können Sie den Standpunkt von Frau Müller nachvollziehen?“ – „Wenn Sie die Sache einmal von Frau Müllers Seite betrachten – ergibt ihr Verhalten für Sie dann einen Sinn?“. Gut eignen sich auch zirkuläre Fragen (vgl. Kasten): „Warum, glauben Sie, hat Herr Meyer die Angelegenheit verschleppt?“ – „Was müsste geschehen, damit Karl ihrem Vorschlag zustimmen könnte?“ Alle diese Fragen geben den Gefragten die Chance, einen Moment lang die Positionen gedanklich zu wechseln und so zu einer erweiterten Sicht der anstehenden Problematik zu kommen.

Zirkuläre Fragen

Die Technik der zirkulären Fragen wurde in der Mailänder Schule der systemischen Therapie (Selvini Palazzoli u.a.) entwickelt und kann wesentlich dazu beitragen, neue Perspektiven oder Informationen in einen Beziehungskontext einzuführen. Das zirkuläre Fragen bringt die Sichtweise anderer (anwesender oder auch nicht anwesender) Personen in die Frage hinein. Die Fragen versuchen den Beobachterstandort so zu verschieben, dass nicht nur der Fragende und Antwortende, sondern Dritte (und damit ein Beziehungssystem) mit zu bedenken sind. Das zirkuläre Fragen hilft, sich in den anderen hineinzuversetzen und aus seiner Position eine Antwort zu entwickeln.

Beispiele:
- „Wie würde Ihre Kollegin Ihre Situation bzw. Ihr Problem beschreiben?“
- „Was denken Sie, was Ihr Chef tun muss, um ihre Kollegin zur Mitarbeit zu motivieren?“
- „Angenommen, die Leute in dieser Abteilung würden offen ihre Einwände äußern, wie würde die Leitung darauf reagieren?“

Eine wirkungsvolle Technik des Perspektivenwechsels ist der Stuhltausch. Wir bitten die Parteien, die Stühle zu tauschen und so ganz „leiblich“ die Perspektive der anderen Seite einzunehmen:

DVD 08

MediatorIn: Frau Schmied, Herr Schmied, ich lade Sie einmal zu einem kleinen Experiment ein. Tauschen Sie doch einmal kurz die Stühle. Das könnte Ihnen helfen, Ihr Gegenüber besser zu verstehen. Sind Sie einverstanden? –
So, Frau Schmied: Sie sitzen jetzt auf dem Stuhl Ihres Mannes. Stellen Sie sich einen Moment lang vor, Sie wären jetzt Ihr Mann. Und dort drüben sitzt jetzt Ihre Frau ... Und jetzt sagen Sie Ihrer Frau einmal, was Sie an der Besuchsregelung so stört und warum. Sagen Sie ihr auch, was Sie sich jetzt von ihr wünschen würden...

Beim Stuhltausch ist es wichtig, den Wechsel in beide Richtungen zu vollziehen, auch wenn nur einer Seite der Perspektivenwechsel schwer fällt.

Es könnte hilfreich sein, mit der Seite zu beginnen, der die Methode vermutlich leichter fällt. Nach dem Wechsel zurück wird das Erlebte ausgewertet.

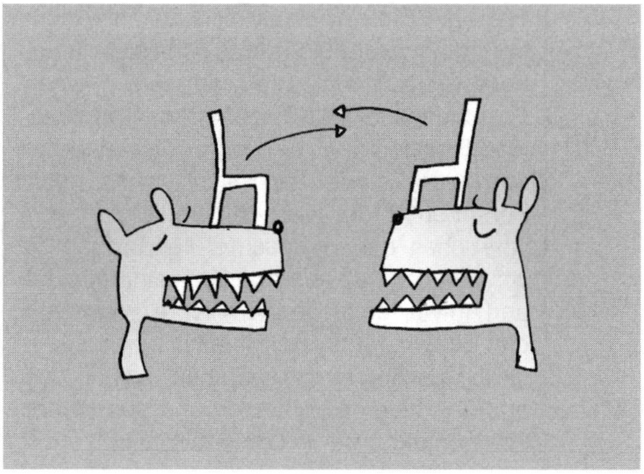

MediatorIn: Frau Schmied, Herr Schmied, Sie sind nun wieder ganz Sie selbst. Wie haben Sie es erlebt, in die Haut Ihres Gegenübers zu schlüpfen? Was haben Sie dabei gefühlt? Haben Sie durch unser Experiment neue Erkenntnisse über sich oder Ihr Gegenüber gewonnen?

Weitere gute Methoden zum Anstoßen des Perspektivenwechsels sind die Selbstbild-Fremdbild-Konfrontation und das Doppeln (vgl. S. 125).

5. Selbstbild-Fremdbild-Konfrontation

DVD 09

Die Selbstbild-Fremdbild-Konfrontation habe ich bei Redlich kennen gelernt (Konfliktmoderation 2002), der sie für den Einsatz im Gruppenkonflikt beschreibt. Sie ist aber auch in der Einzelmediation erfolgreich einsetzbar, vor allem wenn sich die Parteien stark bekämpfen und/oder sehr wenig gegenseitiges Verständnis zeigen. Die Selbstbild-Fremdbild-Konfrontation führt nicht nur zu einem Perspektivenwechsel (s.o.), sondern auch zu einer Bewusstmachung und Korrektur der Selbsteinschätzung. So können die Parteien ihren Eigenanteil im Konflikt herausfinden und benennen.

Der angestrebte Perspektivenwechsel ist für die Parteien aufgrund der zirkulären Fragestellung (vgl. Kasten S. 123) nicht ganz leicht nachzuvollziehen. Die Methode muss deshalb sorgfältig vorgestellt werden:

MediatorIn: Herr Huber, Herr Schäfer: Ich schlage Ihnen ein kleines gedankliches Experiment vor. Es kann Ihnen helfen, den Konflikt und ihre Rollen darin besser zu verstehen. Sind Sie einverstanden? – Zunächst bitte ich Sie, einmal darüber nachzudenken, wie Sie von Ihrem Gegenüber eingeschätzt werden. Herr Huber, überlegen

Sie einmal kurz: Was meinen Sie, wie Sie Herr Schäfer sieht? Was für ein Bild hat er Ihrer Meinung nach von Ihnen?

Nachdem beide Seiten ihre vermutete Fremdwahrnehmung durch die andere Konfliktpartei geschildert haben, können beide Seiten die Ergebnisse kommentieren und ggf. aus ihrer Sicht korrigieren. Im Anschluss daran versuchen die MediantInnen unter Anleitung des Mediators oder der Mediatorin Gründe für die Diskrepanz zwischen Selbst- und Fremdbild zu finden. So lernen sie sich und den anderen besser kennen, besser einzuschätzen und seine Motive und Wünsche besser zu verstehen. Wenn dieses gemeinsame Gespräch auch einen breiteren Raum einnimmt, ist es hilfreich, die Ergebnisse zu visualisieren und zu bündeln.

6. Doppeln

DVD 10

Das Doppeln ist eine sehr wirkungsvolle Technik. Sie ist zugleich problematisch, weil der Mediator oder die Mediatorin die Rolle der Allparteilichkeit (scheinbar) verlässt: Er tritt hinter oder neben den Medianten und macht sich zu seinem Sprachrohr. Das Doppeln sollte sehr sparsam eingesetzt werden. Es kann den Prozess fördern, wenn der Mediator oder die Mediatorin wichtige unausgesprochene Gefühle vermutet oder wenn entscheidende Interessen von einer Partei nicht thematisiert werden, obwohl sie „mit Händen zu greifen“ sind. Weil die Allparteilichkeit sehr in Gefahr gerät, ist es ganz wichtig, sowohl zu Beginn des Doppelns als auch am Ende, den Rollenwechsel deutlich anzusprechen:

MediatorIn: Frau Strasser, Sie haben nun schon mehrmals den Kopf geschüttelt und tief durchgeatmet. Ich möchte einmal versuchen, das, was Sie bewegt, in Worte zu fassen – darf ich das?

(Frau Strasser bejaht. Mediator stellt sich hinter Frau Strasser.)
So, wie Sie beide sehen, habe ich meine Rolle als Mediator verlassen, um für einen Moment das Sprachrohr für Frau Strasser zu sein.
(Mediator schaut Herrn Strasser an.)
Fritz, du hast jetzt mehrmals angedeutet, dass du unsere Ehe am Ende siehst. Das macht mich sehr traurig, denn für mich ist es nicht so, und ich hätte auch nicht erwartet, dass du es so siehst. Wir sind ja nicht in die Mediation gekommen, um uns zu trennen, sondern um zu klären, ob wir nach Berlin ziehen oder nicht. Dass es dir eigentlich um unsere Beziehung insgesamt geht, ist mir neu und es macht mir Angst.

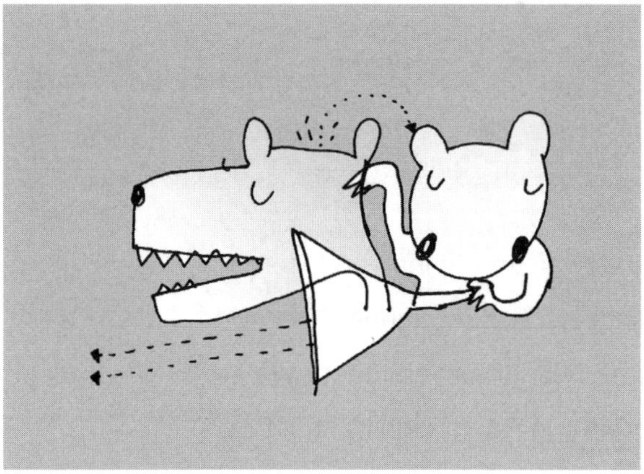

(Mediator tritt neben Frau Strasser.)
Frau Strasser, habe ich das richtig getroffen? Sie nicken. Ich setze mich jetzt wieder auf meinen Mediatorstuhl. Manchmal ist es nicht leicht, das auszudrücken, was einem gerade wichtig ist. Herr Strasser: Sie haben gehört, dass Ihre Frau Sie so versteht, dass Sie Ihre Beziehung in Frage stellen. Das erfüllt sie mit Angst und Trauer. Hat sie recht? Wollen Sie dazu etwas sagen?

Es darf nicht der Eindruck entstehen, dass einer der Medianten durch das Doppeln des Mediators oder der Mediatorin einen Vorteil erzielt. Es muss einleuchten, dass durch das Doppeln etwas Wichtiges ausgesprochen wird, was aber schon im Raum stand. So wird das Doppeln zu einem Sonderfall des Umformulierens. Die Wirkung kann sehr stark sein, viel stärker als wenn der Mediator in indirekter Rede umformulieren würde: *„Frau Strasser, Sie scheinen überrascht und traurig darüber, dass Ihr Mann Ihre Beziehung in Frage stellt?“* Die Wirkung ist stärker, weil direkter und emotionaler. Sie kann bei beiden Medianten etwas auslösen, was die Mediation entscheidend voranbringt. Sie kann aber auch in eine schwer handzuhabende Krise führen. In jedem Fall bleibt aus Sicht des Mediators oder der Mediatorin entscheidend, dass die Allparteilichkeit nur scheinbar aufgegeben wird, nämlich nur zum Zweck der Formulierungshilfe und mit dem Ziel, **beide** Seiten in ihrer Konfliktbearbeitung weiterzubringen.

7. Reframing

Das englische Wort „reframing" heißt „neu rahmen". Gemeint ist, den MediantInnen eine neue Sichtweise zu vermitteln. Reframing ist ein in der Psychologie und Psychotherapie schon seit langem benutzter Begriff. Die Bedeutung, die ein Ereignis, eine Aussage, ein Verhalten, ein Glaubenssatz hat, hängt vom Kontext, vom Rahmen ab, in den wir es hineinstellen, den wir ihm geben. Reframing bedeutet, einen neuen Rahmen („frame") zu konstruieren, etwas in einen neuen Zusammenhang zu stellen. Ein Bild kann in einem neuen Rahmen ganz anders aussehen und anders wirken. Wird ein Problem „neu gerahmt", dann bekommt es eine neue Bedeutung: Neue Reaktionen und neues Verhalten werden möglich. Reframing bezeichnet den Prozess des Umdeutens: das Einnehmen einer neuen Perspektive, eine neue Art der Wahrnehmung, eine neue Interpretation.

> **REFRAMING ist der Stoff, aus dem die ganze Mediation gemacht ist.**
>
> **Peter Blanciak**

Peter Blanciak nennt Reframing „the essence of mediation", also den „Stoff", aus dem die ganze Mediation gemacht ist. Nur wenn die Medianten eine neue Sicht voneinander und von ihrem Konflikt bekommen, wird Verständigung möglich. Vielleicht sollte man deshalb lieber nicht von einer einzelnen Methode sprechen, sondern von dem generellen Versuch der MediatorInnen, die Medianten zum Um- und Neudenken zu veranlassen. Dann wäre Reframing ein Oberbegriff für viele Methoden, die alle ein gemeinsames Ziel haben, nämlich eine Neubewertung der Konfliktsituation herbeizuführen. Jedes Umformulieren, jeder Stuhltausch, jedes Doppeln wäre dann auch der Versuch, den Rahmen des Konflikts neu zu definieren. Auch das Herausarbeiten der dem Konflikt zugrunde liegenden Bedürfnisse (vgl. S. 43 f.) verändert die Sichtweise der MediantInnen oder hat dies zumindest zum Ziel.

Neben den bereits genannten Methoden seien als hilfreiche Reframing-Anstöße noch der Fokuswechsel und die Metaphernbildung genannt. Der Fokuswechsel wird vom Mediator oder von der Mediatorin durch Fragen provoziert (vgl. dazu auch die Gesprächstechniken S. 148). So kann der Fokuswechsel vom Pauschalen zum Konkreten z. B. die Relativierung von Aussagen hervorrufen, ein erster Schritt zu einer Änderung der eigenen Sicht:

Mediant: Müllers haben ihr Haus nur gemietet. Und Mieter sind nun mal nicht so verantwortungsvoll wie Besitzer.
Mediatorin: Können Sie mir mal ein paar Beispiele dafür geben, wo Müllers Ihrer Ansicht nach unverantwortlich gehandelt haben?
Mediant (überlegt): Na ja, eigentlich geht es jetzt nur um die Gehwegstreuung. Ich wollte auch nicht sagen, dass Müllers generell verantwortungslos sind.
Mediatorin: Sie meinen, Müllers gehen mit ihrem Haus schon verantwortungsvoll um, aber es wäre besser, wenn sie morgens schon um 7 Uhr streuten, damit niemand zu Schaden kommt?
Mediant: Genau. Ansonsten kann ich ihnen, wenn ich es mir recht überlege, nichts vorwerfen.

Auch ein Fokuswechsel vom Einzelfall zum Allgemeinen kann die Sicht verändern, z. B. wenn die MediantInnen auf einen Autoschaden und seine Kosten fixiert sind und dabei die Kostenersparnis und andere Vorzüge ihrer Fahrgemeinschaft aus den Augen verloren haben. Ebenso bewirkt ein Fokuswechsel vom Vergangenen zum Zukünftigen oftmals erstaunliches Umdenken. Nicht die Frage nach der Schuld und wie die Misere begann stehen dann etwa plötzlich im Mittelpunkt, sondern die Frage nach den Optionen für den weiteren gemeinsamen Weg.

Metaphern, also Bilder, die den Konflikt oder Teile davon repräsentieren, können ebenfalls erstaunliche „Neurahmungen“ bewirken, wie der folgende Dialog zeigt:

Frau Braun: ...und dann mache ich wieder Überstunden, die nicht bezahlt werden, und dann fühle ich mich einfach total verheizt.
Mediator: „Total verheizt“ – damit sagen Sie, Sie werden ausgenutzt: Sie fühlen sich wie ein Stück Kohle, das verfeuert wird, sagen wir, im Kessel der Lokomotive. Herr Brehmer, wenn Sie einmal in diesem Bild bleiben – Frau Braun fühlt sich verfeuert wie ein Stück Kohle im Heizungswagen der Lokomotive. Ist das auch Ihr Bild von Frau Braun?

Herr Brehmer: Nein, nein, Frau Braun ist ja eine meiner engagiertesten Kräfte. Ich sehe sie eher als meine rechte Hand, als kompetente Mitarbeiterin.
Mediator: Vielleicht als Heizer auf der Lokomotive, nicht als Kohlenstück?
Herr Brehmer: Ja, genau. Ich bin der Lokomotivführer und Frau Braun ist der Heizer. Es stimmt, die Arbeit ist heiß und staubig. Aber was wäre der Lokomotivfüher ohne seinen Heizer? Es ist harte Arbeit, aber wir bringen den Laden voran.
Frau Braun (erstaunt und geschmeichelt, zu Herrn Brehmer): Ja, von der Seite habe ich das noch nicht betrachtet. Ich dachte immer, Sie sehen meine Arbeit gar nicht.
Herr Brehmer: Ja, Sie haben recht, ich habe Ihre Arbeit bisher viel zu selbstverständlich genommen...

Durch das Bild von der Lokomotive (ausgelöst durch das Wort „verheizen“) bekommt das Arbeitsverhältnis zwischen Frau Braun und ihrem Abteilungsleiter, Herrn Brehmer, einen neuen Bezugsrahmen. Plötzlich sieht sich Frau Braun in einer neuen, wertgeschätzten Position. Und in diesem Fall hat auch Herr Bremer eine neue Sicht seiner Mitarbeiterin gewonnen.

Ausgangspunkt des Reframing muss immer die Sicht der Parteien sein. Sollen sie eine weitere oder neue Sichtweise gewinnen, müssen sie abgeholt werden von ihrem derzeitigen Standpunkt. Bleiben wir bei unserem letzten Beispiel: Es wäre fatal, wenn der Mediator oder die Mediatorin auf den Satz „Ich werde verheizt“ reagieren würde mit den Worten : „Sie sagen, Sie werden verheizt. Aber ist es nicht so, dass Sie eine wichtige Kraft sind, eine engagierte Mitarbeiterin?“ Einen solchen Satz könnte Frau Braun schlecht annehmen, auch wenn sie ihn für richtig hält. Sie muss ihn von Herrn Brehmer hören, den man dazu nicht zwingen kann. Deshalb ist das Reframing in der Mediation auch nicht manipulativ, sondern immer nur ein Angebot, das die Medianten ablehnen können, falls es ihnen nicht unmittelbar einleuchtet.

8. Einzelgespräche

DVD 11

Die Haltung der Allparteilichkeit schließt Einzelgespräche nicht aus. Bereits in der Konfliktdarstellungsphase wendet sich der Mediator oder die Mediatorin jeweils nur einer einzelnen Seite zu, gibt ihrer Darstellung viel

Raum, möchte sie verstehen. Im Unterschied zum Einzelgespräch ist die andere Seite dabei jedoch anwesend und kann jederzeit für sich beurteilen, ob die Grenze zwischen Verstehen signalisieren und sympathisieren, also Partei ergreifen, vom Mediator überschritten wird. Im Einzelgespräch ist die

andere Seite nicht anwesend. Sie kann allerlei Phantasien über den Verlauf des Gesprächs entwickeln. Deshalb gelingt diese Methode nur, wenn der Mediator oder die Mediatorin bereits durch die bisherige Gesprächsführung Vertrauen gewinnen konnte und beide Seiten sie oder ihn als allparteilichen, vertrauenswürdigen Mittler angenommen haben. Auch dann ist es noch schwierig genug, den Mediator mit der Gegenseite allein zu lassen. Deshalb sollten Einzelgespräche nicht ohne Not geführt werden.

Es sprechen noch weitere Überlegungen dafür, Einzelgespräche nur nach Ausschöpfung aller anderen Mittel einzusetzen. In der Mediation geht es um einen Kommunikationsprozess, einen Dialog, der durch Einzelgespräche unterbrochen oder sehr verlangsamt wird. Die Parteien sollen nicht nur zum Mediator, sondern auch zueinander Vertrauen und Kooperationsbereitschaft aufbauen. Auch dazu tragen Einzelgespräche (zunächst) nicht bei. Und schließlich sollen die MediantInnen in der Mediation die jeweiligen Perspektiven, Werte, Interessen und Gefühle der anderen Seite verstehen lernen. In Einzelgesprächen ist auch das nicht möglich. Solange die Parteien kooperativ ihren Konflikt bearbeiten, besteht also für Einzelgespräche kein Grund. Erst wenn der gemeinsame Mediationsprozess ins Stocken kommt, ist das Einzelgespräch EINE denkbare Methode um auszuloten, ob es noch Verhandlungsspielräume gibt. Einzelgespräche können hilfreich sein, wenn es gilt:

■ **Widerstände abzubauen**
Eine Partei zeigt kaum die notwendige Bereitschaft zur Mitarbeit. MediatorInnen würden das üblicherweise direkt ansprechen. Aber vielleicht wäre es in manchem Fall eine zu große Bloßstellung, die Partei in der gemeinsamen Runde direkt damit zu konfrontieren. Im Einzelgespräch lassen sich die Gründe eventuell besser besprechen.

■ **verborgenen Themen auf die Spur zu kommmen**
Alle sprechen vom geerbten Haus, einer der Söhne hält sich extrem zurück. Im Einzelgespräch stellt sich heraus, dass er als Kind adoptiert wurde und er diese Rolle immer noch nicht bewältigt hat.

■ **starke Emotionen zu bewältigen (Wutausbrüche, Weinkrämpfe)**
Die Parteien haben sich provoziert, der Streit ist wieder eskaliert, die Mediationsvereinbarungen werden nicht mehr eingehalten.

■ **mögliche Verhandlungsangebote zu erkunden**
Die Parteien haben Verhandlungslimits, die sie aber der Gegenseite nicht offenbaren wollen. Der Mediator kann im Einzelgespräch herausfinden, wie weit die Parteien auseinander sind und ob sich die Fortsetzung der Mediation lohnt.

■ **vertrauliche oder peinliche Informationen zu bearbeiten**
Ein älterer Mann wehrt sich scheinbar grundlos dagegen, zu seiner Tochter zu ziehen, obwohl es nach einer vernünftigen Lösung aussieht. Im Einzelgespräch offenbart er dem Mediator, dass das Haus nur ein einziges Badezimmer hat und er unter extremer Blasenschwäche leidet.

■ **die beste Alternative zum Verhandlungsergebnis zu diskutieren**
(vgl. S. 110)
Eine Partei hat ganz unrealistische Lösungsvorstellungen, die im Einzelgespräch vorsichtig zurechtgerückt werden können, ohne dass der Eindruck unzulässiger Einflussnahme entsteht.

Es gibt MediatorInnen, die Einzelgespräche rundweg ablehnen, während andere von ihren Vorteilen in den genannten Situationen überzeugt sind. Auf jeden Fall ist es besser, aus Paritätsgründen auch dann mit beiden Parteien Einzelgespräche zu führen, wenn wir eigentlich nur die Notwendigkeit sehen, mit einer Partei zu sprechen.

Bei der Durchführung von Einzelgesprächen gibt es mindestens vier neuralgische Punkte: die Ankündigung des Einzelgesprächs, Anfang und

Ende der Einzelgespräche und die Wiederaufnahme des gemeinsamen Gesprächs. MediatorInnen sind gut beraten, für diese Situationen sprachlich gewappnet zu sein. Von entscheidender Bedeutung ist die Thematisierung der Vertraulichkeit. Nur wenn die MediatorInnen den Parteien zusichern, dass der Inhalt des Gespräches vertraulich bleibt, wird die gewünschte Offenheit entstehen. Andererseits können die Einzelgespräche nur dann Impulse für den Fortgang der Mediation geben, wenn Informationen die andere Seite erreichen. Deshalb könnte man zu Anfang des Einzelgesprächs sagen:

Sie haben jetzt Zeit und Gelegenheit, die Dinge anzusprechen, die Sie im gemeinsamen Gespräch nicht so gerne thematisieren wollten. Am Ende unseres Gespräches werde ich Sie fragen, was davon weiterhin vertraulich behandeln werden muss.

Am Ende des Einzelgesprächs muss dann wirklich geklärt werden, was davon in der Mediation thematisiert werden darf. Die Wiederaufnahme des gemeinsamen Gespräches könnte mit den Worten beginnen:

Nachdem ich mit Ihnen beiden gesprochen habe, fasse ich noch einmal zusammen, was wir bisher gemeinsam erreicht haben. Was Ihre Ziele/Interessen angeht, so sind Sie sich offensichtlich einig, dass...

Alles, was noch offen ist und wo Uneinigkeit besteht, muss natürlich ebenfalls auf den Tisch. Aber es kann Wunder wirken, ganz positiv mit dem Erreichten und Unstrittigen zu beginnen.

Als MediatorInnen fragen wir uns nach den Einzelgesprächen: Gibt es Missverständnisse aufzuklären? Sind Verhaltensweisen oder Forderungen jetzt verständlicher und könnte dieses Wissen auch der Gegenseite helfen, ihre Haltung zu überdenken? Hat eine Partei sich positiv zur anderen oder ihren Anliegen geäußert, so dass Ärger reduziert oder Verletzungen gemildert werden könnten? Menschen brauchen in der Regel Gründe, um sich im Streit aufeinander zuzubewegen, und es ist die Aufgabe der MediatorInnen, sie herausfinden zu helfen.

DVD 05

9. Brainstorming

Brainstorming ist eine Methode aus der Moderation, die vor allem am Anfang der Lösungsphase unschätzbare Dienste leisten kann. Ihr Sinn liegt nicht nur im Sammeln von ohnehin schon bekannten oder naheliegenden Ideen, sondern auch im Zugewinn von zusätzlichen, manchmal überraschenden und kreativen Lösungsoptionen. Damit der kreative Prozess in Gang kommt, könnten ihn die MediatorInnen vielleicht so einleiten:

Wir wollen jetzt zusammen ein Brainstorming abhalten, um gute Lösungen zu finden. Hier auf diesem Flipchartblatt habe ich alle Ihre Interessen und Wünsche aufgeschrieben, die wir bisher erarbeitet haben. Jetzt frage ich Sie: Was können Sie beide tun, damit möglichst viele dieser Wünsche in Erfüllung gehen? Lassen Sie Ihren Gedanken einmal freien Lauf. Brainstorming heißt auf Deutsch „Blitzgewitter der Ideen". Sie können also ruhig etwas dabei rumspinnen oder träumen. Ich werde alles stichwortartig festhalten. Jetzt im ersten Schritt wollen wir die Ideen nicht bewerten, nicht kritisieren oder gar lächerlich machen. Denn aus ausgefallenen Ideen entstehen oft ganz brauchbare Lösungen. Im zweiten Schritt können Sie Ihre Ideen näher erklären, und wir schauen, was Sie beide davon umsetzen wollen oder nicht.

Die Ideen werden unsortiert gesammelt. Würden die MediatorInnen sie einzelnen Personen zuordnen, könnte das leicht wieder zu Polarisationen führen.

MediantInnen sind nicht immer geübt im Zusammentragen von Ideen. Es ist die Aufgabe der MediatorInnen, den Prozess in Gang zu halten, eventuell mit Fragen wie: „Was fällt Ihnen noch ein?" – „Gibt es für dieses Bedürfnis noch eine gute Lösung?" – „Wie könnte man dieses Ziel noch erreichen?".

Hier im Brainstorming ist für viele MediatorInnen der (einzige) Platz, an dem auch sie beiläufig den einen oder anderen Vorschlag einbringen können. Das sollte jedoch nur geschehen, wenn man von einer Option sehr überzeugt ist und die Medianten einfach nicht darauf kommen. Es ist fast unnötig zu sagen, dass hier unsere Allparteilichkeit wieder in hoher Gefahr ist. Durch die folgende Bewertung aller Lösungsoptionen kommt auch die Idee des Mediators oder der Mediatorin auf den Prüfstand. Dann darf man allerdings seine gute Idee nicht verteidigen wollen. Denn nur das, wovon die MediantInnen überzeugt sind (nicht, wozu sie überredet worden sind), führt zu dauerhaften Lösungen.

Manchmal kann es sinnvoll sein, eine „Testlösung" ins Brainstorming einzubauen um zu überprüfen, ob sich die MediantInnen wirklich so einig sind in der Ablehnung oder Befürwortung einer Option. Nehmen wir an, in einer Firma sind zwei Abteilungen zusammengelegt worden, was zu erheblichen Spannungen geführt hat. Vor allem eine Person kann sich mit der Reorganisation überhaupt nicht abfinden. Der Mediator könnte im Brainstorming schreiben „Abteilungen wieder trennen", auch wenn diese Option von keiner Seite vorgeschlagen wurde. Denn dieses Vorgehen schafft Klärung. Wenn beide Seiten diesen Lösungsweg ablehnen („Deswegen sind wir heute nicht hier." – „Der Zug ist abgefahren."), ist der Fall abgehakt, auch wenn es für eine einzelne Person schwer ist, dies zu akzeptieren. Sie hat dann jedenfalls keinen Rückhalt im Team. Doch weiß man's? Vielleicht finden sich viele Befürworter, obwohl die Option bisher gar nicht zur Debatte stand. Dann wird deutlich, dass es doch nicht nur eine Einzelmeinung ist und dass dieser starke Wunsch noch bearbeitet werden muss. Zugegeben, man hat als Mediator in diesem Fall selber „ein Fass aufgemacht", was sogar dazu führen kann, dass der Mediationsprozess wieder bei Phase 2 beginnen muss. Aber andererseits werden die späteren Vereinbarungen klarer und dauerhafter sein, als wenn eine so wichtige Frage im Raum stehen bleibt und später zu neuen Spannungen führt.

10. Sternanalyse

DVD 12

Wenn es in der Lösungsphase zu einer Option eine lang anhaltende Diskussion gibt, weil die Argumente unüberschaubar oder vielschichtig sind, kann die Sternanalyse gute Dienste leisten. Mangelnde Klarheit schafft Unsicherheit und Angst. Die Sternanalyse schaut den Problemen gefasst ins Auge. Sie werden benannt und visualisiert. So lässt es sich leichter entscheiden, ob die diffusen Bedenken oder Sorgen berechtigt sind oder nicht.

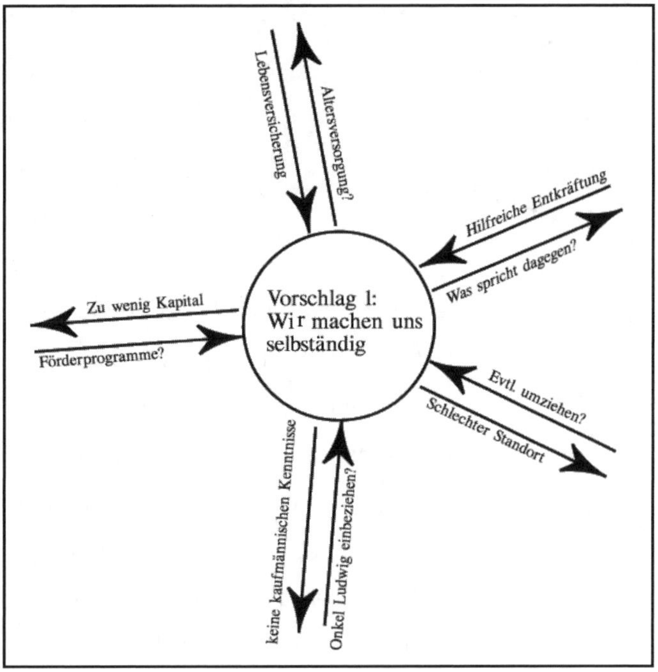

In die Mitte des Flipchartblattes schreiben wir den Lösungsvorschlag. Im ersten Schritt sammeln wir gemeinsam (also nicht nur die Bedenkenträger) alle denkbaren Gegenargumente oder erwarteten Schwierigkeiten. Für jedes Argument zeichnen wir einen Pfeil nach außen, also vom Vorschlag wegführend. Hier darf der Mediator oder die Mediatorin durchaus mit kritischen Fragen mitarbeiten, denn wir suchen ja erreichbare, realistische Vereinbarungen. Beim Einsatz dieser Methode ist darauf zu achten, dass (ähnlich wie beim Brainstorming) der einzelne Beitrag noch nicht bewertet oder diskutiert wird. Alle Bedenken müssen ernst genommen und gehört werden. Eine frühzeitige Diskussion verhindert das weitere Sammeln. Auch hat niemand Lust, seine vielleicht durchaus angebrachten Anfragen auszusprechen, wenn sie sofort attackiert werden.

Nachdem wir alle Gegenargumente zusammengetragen haben, gehen wir sie der Reihe nach durch und bitten die Parteien um Entkräftigungen. Auch jetzt müssen sich die Parteien noch nicht einig sein, ob und wieweit sie diese Entkräftigungen als hilfreich ansehen. Auch in dieser Phase sind ALLE Beteiligten, nicht nur die Befürworter, zur konstruktiven Mitarbeit aufgerufen.

Zu manchen Bedenken gibt es mehrere gute Entkräftigungen. Bei anderen fallen den MediantInnen vielleicht gar keine ein. Im dritten Schritt folgt deshalb eine gemeinsame Bewertung der Analyse: Reichen die Argumente aus, um die Bedenken zu zerstreuen? Nur wenn Einigung erzielt wird, kann die Lösungsoption in die Vereinbarungen einfließen.

In manchen Fällen ist es sinnvoll, die Sternanalyse gleich zweimal hintereinander zu machen, und zwar dann, wenn es um eine komplexe Alternative geht: Soll auf dem verwaisten Industriegelände ein Einkaufszentrum entstehen oder ein Freibad? Beide Optionen sind komplex, vieles muss bedacht werden. Zu beiden Nutzungsvarianten gibt es im Stadtrat Bedenken. Die gemeinsame Arbeit ALLER an ALLEN Pfeilen würde ein kooperatives Klima erzeugen, es käme nicht notwendigerweise zu Polarisierungen. Zwei Sternanalysen würden sehr übersichtlich die Bedenken und die Gegenargumente unterschiedlicher Positionen visualisieren. Erst zum Schluss erfolgt die Bewertung und die Entscheidung.

Der Mediationswerkzeugköfferlein-Song

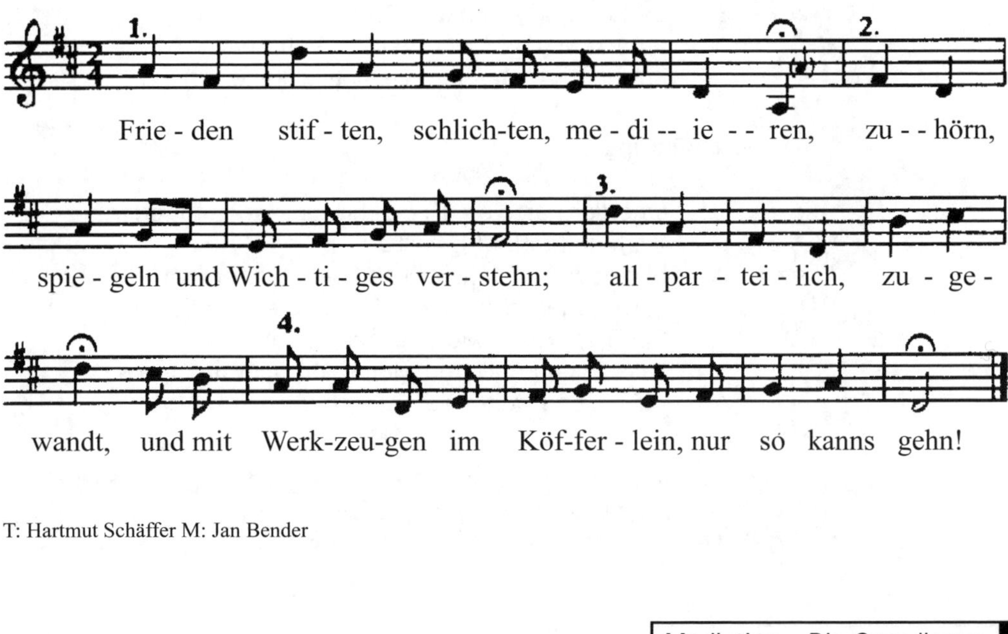

T: Hartmut Schäffer M: Jan Bender

Aktives Zuhören

Anwendungssituation

- Methode für ALLE Mediationsphasen

Ziele

- Konzentration auf die Gedanken des anderen
- Verstehen signalisieren und überprüfen
- Hilfe für die MediantInnen zur Selbstklärung

Voraussetzungen

- Geeignete Rahmenbedingungen schaffen: störungsfreier Raum, genügend Zeit
- Empathie zeigen: Augenkontakt, zugewandte Körperhaltung
- Nicht vor-denken, nicht vor-formulieren
- Drei Ebenen des Verstehens wahrnehmen:
  1. Sachebene (Um was geht es?)
  2. Gefühlsebene (Freude, Zorn, Ärger, Frustration...)
  3. Bedürfnisse/Wünsche/Interessen (Anerkennung, Sicherheit, Orientierung, Zuwendung, Gestaltungsmöglichkeiten...)

Durchführung

1. Eine der Parteien (P) erzählt, der Mediator oder die Mediatorin (M) hört zu
2. M gibt wieder, was er von P verstanden hat (zusammenfassen) und fragt, ob er/sie das Gehörte richtig wiedergegeben hat
3. Falls P sein Anliegen wiederholt oder modifiziert:
4. zurück und weiter bei 2.!

Ich-Botschaften

Anwendungssituation

- Methode für ALLE Mediationsphasen
- Hilfe für das Gegenüber, die Wirkung seines Verhaltens durch meine Ich-Botschaft besser einschätzen zu können
- Möglichkeit der Äußerung, auch wenn objektive Beurteilungsmaßstäbe fehlen

Ziele

- Spannungsfreiere Kommunikation bei der Äußerung persönlicher Wünsche oder Kritik
- Die eigene Sicht mitteilen, Transparenz schaffen

Durchführung

Ich-Botschaften bestehen aus

1. der Beschreibung des positiven oder negativen Verhaltens des Gegenübers
2. der Beschreibung der dadurch ausgelösten Gefühle oder Gedanken
3. der Begründung, warum man sich über das positive Verhalten freut oder warum man das angesprochene Verhalten für problematisch hält

und optional aus

4. dem Wunsch nach Verstärkung des positiven bzw. Veränderung des negativen Verhaltens
5. der Beschreibung eines möglichen eigenen Beitrags zur Problemlösung

(Die Reihenfolge der Bestandteile kann variieren!)

Umformulieren

Anwendungssituation

- Methode für alle Mediationsphasen, vorrangig für die Konfliktdarstellung und Konflikterhellung

Ziele

- von der negativen Kritik zum positiven Bedürfnis
- Spitzen und verletzende Bemerkungen der MediantInnen abfedern

Durchführung

- In der pauschalen oder verletzenden Kritik das berechtigte Anliegen erkennen und spiegeln

  Mediant: Sie möchte, dass immer alles gleich geschieht.
  MediatorIn: Sie möchten sich ihre Aufgaben einteilen können.

  Mediantin: Ich glaube ihm gar nichts mehr.
  MediatorIn: Sie möchten ihm vertrauen können.

- Du-Botschaften der MediantInnen in indirekte Ich-Botschaften umformulieren

  Mediantin: Ich finde es bescheuert, dass Sie hinter meinem Rücken immer so schlechte Stimmung gegen mich machen!
  MediatorIn: Sie sagen, dass Sie schon mehrmals beobachtet haben, dass Frau Solenz Sie in Ihrer Abwesenheit kritisiert. Und das ärgert Sie. Sie wünschen sich, dass Frau Solenz mit ihrer Kritik direkt zu Ihnen kommt.

Perspektivenwechsel

Anwendungssituation

- Methode für alle Mediationsphasen, vorrangig für die Konflikterhellung

Ziele

- Den Konflikt von der anderen Seite sehen und verstehen lernen
- Der anderen Seite das Recht auf eine eigene Sicht zubilligen, die eigene Sicht relativieren

Durchführung

- Der Perspektivenwechsel kann auf vielerlei Weisen angestoßen werden. Keine Methode funktioniert garantiert, deshalb: mehrere Methoden ausprobieren, z. B.
  - Stuhltausch
  - Selbstbild-Fremdbild-Konfrontation
  - Doppeln
  - Umformulieren
  - Rollenspiel
  - Zirkuläre Fragen
- Der Perspektivenwechsel kann nicht erzwungen werden. Offensichtlicher Erwartungsdruck oder gezielte Einflussnahme gefährden die Allparteilichkeit!

Selbstbild-Fremdbild-Konfrontation

Anwendungssituation

- Methode für Konflikterhellungsphase
- Besonders geeignet bei sehr wenig gegenseitigem Verständnis oder starken persönlichen Angriffen

Ziele

- Perspektivenwechsel
- Bewusstmachung und Korrektur des Selbstbildes
- Herausfinden des Eigenanteils im Konflikt

Durchführung

- Einschätzung der Fremdwahrnehmung durch die andere Konfliktpartei („Wie sieht mich der/die andere?"). Ergebnisse von der Gegenpartei zunächst nicht kommentieren lassen. Eventuell vorgeschaltete stille Arbeit beider Parteien (minimiert die gegenseitige Beeinflussung)

- Beide Seiten kommentieren (nacheinander) die Ergebnisse und korrigieren sie aus ihrer Sicht

- Im gemeinsamen Gespräch versuchen die Medianten unter Anleitung des Mediators / der Mediatorin Gründe für die Diskrepanz zwischen Selbst- und Fremdbildern zu finden. Durch die dafür nötigen Außenbetrachtungen und Perspektivenwechsel wird der Blick freier auf den eigenen Beitrag zum Konflikt

Doppeln

Anwendungssituation

- Methode für die Konflikterhellungsphase
- Unausgesprochenes ist „mit Händen zu greifen“, wird aber von den MediantInnen nicht formuliert

Ziel

- (Vermutete) wichtige unausgesprochene Gefühle oder Interessen thematisieren

Durchführung

- Neben oder hinter die MediantInnen treten und um Erlaubnis bitten, für sie sprechen zu dürfen
- Darauf hinweisen, dass der Mediator seine Rolle für diese Zeit verlässt
- Die vermuteten Gefühle oder Interessen dem Gegenüber in Ich-Form mitteilen
- Die Person, für die man spricht um Zustimmung oder Korrektur bitten
- Falls angebracht auch die andere Seite doppeln
- Die Rolle des Dopplers bewusst wieder verlassen, den Parteien eventuell danken für Ihre Bereitschaft zu diesem „Experiment“ und für ihre gezeigte Offenheit

Reframing

(„Neu rahmen“ = eine neue Sichtweise vermitteln)

Anwendungssituation

- Methode für alle Mediationsphasen, vor allem für die Konflikterhellungsphase

Ziele

- Einer geäußerten Sichtweise oder einem gefühlten Eindruck einen neuen Rahmen geben, der für die geschilderten „Fakten“ genau so gut oder besser passt
- Hilfe zum Perspektivenwechsel oder zu einer Neubewertung der Konfliktsituation

Durchführung

- Reframing ist eine Grundtechnik in der Mediation und kann auf vielen unterschiedlichen Wegen geschehen, u. a. durch:
  - Umformulieren
  - Fokuswechsel vom Pauschalen zum Konkreten
  - Fokuswechsel vom Einzelfall zum Allgemeinen
  - Fokuswechsel vom Vergangenen zum Zukünftigen
  - Herausarbeiten der zugrundeliegenden Bedürfnisse
  - Drastifizieren (vgl. S. 149)
  - Doppeln
  - Stuhltausch
  - Metaphern aufgreifen oder neue erfinden
- Ausgangspunkt des Reframing ist immer die Sicht der Parteien. Sie müssen „abgeholt werden“, um offen zu werden für eine neue Sichtweise!

Einzelgespräche

Anwendungssituation

- Methode vor allem für die Konflikterhellungs- und Lösungsphase
- Einzelgespräche sind immer letztes Mittel, wenn der gemeinsame Mediationsprozess ins Stocken kommt.

Ziele

- Verborgenen Themen auf die Spur kommen
- Emotionen in den Griff bekommen
- Verhandlungsspielräume ausloten
- Vertrauen aufbauen, Widerstände abbauen

Durchführung

- Ankündigen, dass die MediatorInnen mit einer oder mit beiden Seiten Einzelgespräche führen möchten. Beide Seiten um Einverständnis ersuchen

- Im Einzelgespräch das Thema Vertraulichkeit ansprechen: die einzelne Partei hat die volle Kontrolle darüber, was und wieviel des Einzelgesprächs in die Mediation weitergegeben wird

- Allparteilichkeit wahren

Gute Sätze parat haben für die vier kritischen Zeitpunkte: Ankündigung des Einzelgesprächs, Anfang und Ende der Einzelgespräche, Wiederaufnahme des gemeinsamen Gesprächs

Brainstorming

„Blitzgewitter der Ideen"

Anwendungssituation

- Methode vor allem für die Lösungsphase

Ziel

- Spielerische Sammlung von Lösungsideen für ein Problem oder ein Teilproblem

Durchführung

- Zu einer Frage oder einem Stichwort spontane Lösungsideen sammeln
- Die Ideen auf Zuruf unsortiert auf die Flipchart oder Präsentationswand oder auf Kärtchen schreiben. Die Ideen nicht diskutieren oder bewerten. Auch scheinbar weit hergeholte Ideen notieren
- Die gesammelten Ideen erläutern lassen, besprechen
- Durch Punkten oder andere Bewertungsmethoden die brauchbaren Lösungsvorschläge herausfiltern und weiterentwickeln (z. B. mit Hilfe der Sternanalyse)

Sternanalyse

nach Susanne Nothhaft

Anwendungssituation

- Methode für die Lösungsphase der Mediation
- In komplexen Zusammenhängen Klarheit für eine oder mehrere Optionen schaffen

Ziele

- Bedenken für eine Option visualisieren und nach Möglichkeit entkräften

Durchführung

- Für einen oder mehrere Vorschläge die Gegenargumente/Schwierigkeiten zusammentragen (Pfeile nach außen)
- Überprüfen, ob es akzeptable Entkräftungen gibt (Pfeile nach innen)
- Die gewonnene Analyse diskutieren und gemeinsam bewerten

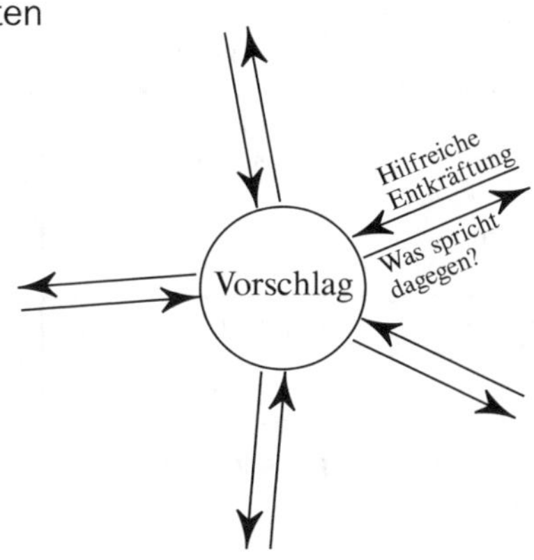

Weitere Gesprächstechniken

AKTION	ABSICHT	VORGEHEN	BEISPIELE
Nachhaken	• Interesse zeigen • Gespräch in Gang halten	• Zugewandte Körperhaltung • Offener, interessierter Gesichtsausdruck • Weder zustimmen noch ablehnen	*Das interessiert mich sehr. Können Sie das weiter ausführen? Über Ihre Beteiligung an diesem Projekt hätte ich gerne mehr erfahren.*
Klären	• Informationen bekommen • Den Redner dabei unterstützen, sein Anliegen besser zu verstehen • Missverständnisse ausräumen	• Fragen stellen, die der Klärung dienen • Geschlossene Fragen (Ja/Nein-Fragen)	*Wann genau kam sie an? Warum hat Sie das verunsichert? Sie haben sich nichts dabei gedacht. Was hätten Sie sich dabei denken können?*
Spiegeln	• Zeigen, dass man zuhört • Zeigen, dass man versteht • Überprüfen, ob man versteht	• Gedanken,Fakten, Argumente, Befindlichkeiten wiederholen	*Du möchtest also von deinen Eltern besser verstanden werden? Dass Sie nur noch Routinearbeiten zugeteilt bekommen, hat Sie überrascht?*
Vertiefen	• Gefühle herausarbeiten • Die Redenden dabei unterstützen, sich ihrer Bedürfnisse bewusst zu werden	• Die vermuteten Gefühle und Wünsche der Redenden benennen	*Das klang sehr resigniert. Wünschen Sie sich neue Herausforderungen? Der Brief scheint Sie sehr verletzt zu haben. Welche Antwort hätten Sie sich gewünscht?*
Zusammenfassen	• Gesprächsfortschritt dokumentieren • Zwischenbilanz ziehen • Wichtige Ideen, Fakten und Gefühle zusammenbringen	• Die vermuteten Gefühle und Wünsche der Redenden benennen	*Ihnen geht es also um zwei Punkte... Bevor Sie über die neuen Pläne sprechen, möchte ich kurz zusammenfassen, worüber Sie sich bereits einig sind...*

AKTION	ABSICHT	VORGEHEN	BEISPIELE
Erweitern	• Zu neuen Optionen kommen • Neue Ressourcen in den Blick bekommen	• „Ja, wenn..." statt „Ja, aber..." • Selbständige Problembearbeitung fördern	*Sie sagten „Ja, aber..." Was müsste geschehen, damit Sie dem Vorschlag zustimmen könnten?* *Wer könnte Ihnen bei der Planung noch helfen?*
Veranschaulichen	• Den Konflikt besser verstehen • Gefühls- und interessenorientierte Antworten provozieren • Grad der Zustimmung ausloten	• Fragen mit visuellen Eindrücken verknüpfen • Bildersprache benutzen	*Wenn Sie das neue Organigramm Ihrer Firma sehen – wie wirkt das auf Sie?* *Sie fühlen sich hilflos – wie ein Kapitän, dessen Segel zerfetzt sind?*
Drastifizieren	• Zeigen, dass man Übertreibungen und eine aggressive Redeweise ernst nimmt	• Pauschalurteile, Vorurteile oder Abwertungen so übertreiben, dass eine Korrektur provoziert wird	*Sie müssen ihn also 24 Std. am Tag kontrollieren?!* *Sie haben sich selber also noch nie verschätzt...*
Zwischen den Zeilen hören	• Unausgesprochene Gefühle und Themen herausarbeiten • Dem Problem auf den Grund gehen • Hilfestellung zur Offenheit geben	• Auf Wörtchen hören wie letztlich... na ja... eigentlich... irgendwie... im Prinzip... an sich... meistens... im Grunde...	*Sie sagen, „eigentlich" tun Sie Ihre Arbeit gern. Wo ist der Haken?* *„im Grunde": Heißt das, dass Ihnen die andere Lösungsoption doch lieber wäre?*
Wertschätzen	• Konfliktlösungsressourcen stärken • Unterscheiden zwischen wertgeschätzter Person und strittiger Sache	• Anerkennung für die Person zeigen • Das Recht auf eine eigene Perspektive und Meinung betonen • Gelungene Konfliktlösungsbeiträge loben	*Ihre Offenheit empfinde ich als sehr hilfreich.* *Aus Ihrer Sicht war es also der Versuch, etwas Neues zu wagen, auch wenn es letztlich nicht gelang?*
...und	**noch**	**viele**	**mehr!**

Ähnlich und doch anders

Abgrenzung der Mediation zu Gerichtsverfahren, Schiedsspruch, Therapie, Supervision und Seelsorge im Überblick

Die Mediation beansprucht kein Monopol bei der Bearbeitung von Konflikten. Das wäre schon im Hinblick auf die absoluten Zahlen unangebracht, denn im Vergleich mit allen oben genannten Verfahren dürften Mediationsverfahren einen verschwindend geringen Anteil ausmachen. Aber auch unabhängig von Prozentanteilen wissen MediatorInnen, dass bei Gericht, in Schlichtungsstellen, Kirchen, Therapiepraxen und Supervisionsinstituten hochwertige Arbeit geleistet und eine große Zahl von Konflikten zufriedenstellend gelöst wird. Für viele Konfliktthemen und -konstellationen ist das Mediationsverfahren von vornherein nicht oder weniger gut geeignet (vgl. dazu S. 184, Grenzen des Mediationsverfahrens).

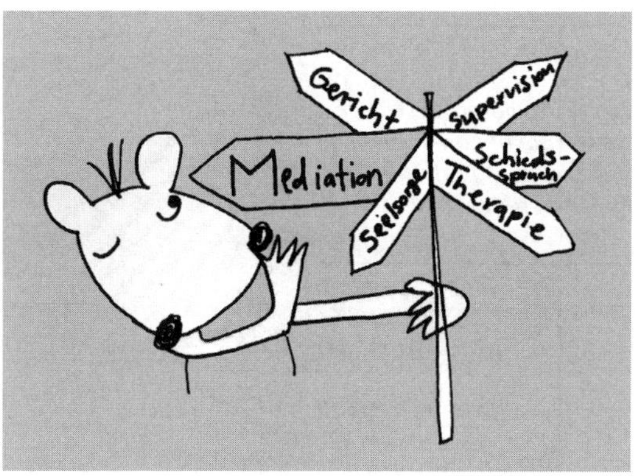

Die folgende Gegenüberstellung macht jedoch deutlich, warum unter bestimmten Voraussetzungen die Mediation das Mittel erster Wahl sein kann. Vermutlich könnte man jeden einzelnen Punkt kontrovers diskutieren. Trotzdem wird in der Gesamtschau eines jeden Bereiches das Spezifische der Mediation in Abgrenzung zu den anderen Verfahren im Grundansatz ersichtlich. Auf einer Skala, die vom Richten am einen Ende über das Schlichten in der Mitte bis zur Mediation am anderen Ende reicht, nimmt der Grad der Formalisierung und der Normorientierung vom Mediieren zum Richten ständig zu, während in umgekehrter Reihenfolge sowohl der Einfluss der Parteien und ihr Gestaltungsspielraum als auch ihre Orientierung an Bedürfnissen und gemeinsamer Zukunftsbewältigung immer stärker in den Vordergrund rücken. Eine Skala in Richtung Supervision, Therapie und Seelsorge könnte zeigen, dass die Mediation am ehesten äußerliche, verbindliche Ergebnisse sucht, während die Supervision prozesshafter und ergebnisoffener angelegt ist. Das gilt noch mehr für Therapie und Seelsorge, bei denen intrapsychische Konflikte oder die Bearbeitung von Gruppendynamiken im Vordergrund stehen. In der Mediation spielen diese Prozesse nur insoweit eine Rolle, als sie zur Lösung eines benennbaren Konflikts notwendig sind.

Gerichtsverfahren	***Mediation***
• Vergangenheitsorientiert (was war, wie geschah es)	• Gegenwarts- und zukunftsorientiert (Was ist jetzt und was ist für die Zukunft am besten?)
• Wer ist im Recht? (Entscheidung nach Gesetzen, Normen und Vorschriften) / Gewinner, Verlierer	• Win-Win-Lösung , Orientierung an der Sache, auch unkonventionelle Lösungen möglich, größerer Handlungsspielraum
• Klärung von Schuld	• Suche nach Lösungen
• Ausgang ungewiss für die Parteien (eventuell abhängig von den Gesetzesauslegungen der Richter/Anwälte und Instanzen)	• Kontrolle der Parteien über den Ausgang
• Teilnahme am Verfahren zwingend (Fremdsteuerung)	• Teilnahme am Verfahren freiwillig (Selbstregulation)
• Lösung durch Entscheidung	• Lösung durch Konsens
• Verallgemeinerbare Lösung	• Individuelle Lösung
• Gegenseitiges Überzeugenwollen	• Gegenseitiges Verstehenwollen
• Positionen vor Bedürfnissen und Gefühlen	• Bedürfnisse und Gefühle vor Positionen

Schiedsspruch	Mediation
• Entscheidung durch dritte Instanz	• Entscheidung durch die Parteien
• Fremdsteuerung	• Selbstregulation
• Vertrauen auf die Konfliktlösungsfähigkeit des Schiedssprechers	• Vertrauen auf die Konfliktlösungsfähigkeit der Parteien
• Lösung durch Entscheidung	• Lösung durch Konsens
• Gewinner / Verlierer	• Win-Win-Lösung
• Positionen vor Bedürfnissen und Gefühlen	• Bedürfnisse und Gefühle vor Positionen

---

Therapie	Mediation
• Aufarbeitung seelischer Konflikte, oft Aufarbeitung der eigenen Vergangenheit	• Aushandeln von zukunftsorientierten Vereinbarungen
• Gefühle im Brennpunkt	• Interessen/Bedürfnisse im Brennpunkt
• Intrapersonale Konflikte	• Interpersonale Konflikte
• In der Regel nur eine konfliktbeteiligte Person	• In der Regel Einbeziehung aller Konfliktbeteiligten
• Konflikte als Wegweiser zu tieferliegenden Problemen	• Persönliche Hintergründe nur so weit einbezogen, wie zur Konfliktlösung notwendig
• Ziel: Lösung der tieferen Persönlichkeitsprobleme, Stabilisierung der Persönlichkeit	• Ziel: Lösung des aktuellen Problems zur beidseitigen Zufriedenheit

Supervision/Beratung

- In der Regel nur eine Partei
- Ziel: Stabilisierung der beruflichen Identität der Klienten
- Prozessorientiert
- Unterstützung und Orientierung über einen konkreten Konflikt hinaus

Mediation

- In der Regel Einbeziehung aller Konfliktbeteiligten
- Ziel: zukunftsorientierte (schriftliche) Vereinbarung
- Prozessorientiert, dabei Einhaltung einer genau definierten Vorgehensweise (5-Phasen-Modell)
- Ein konkreter, benennbarer Konflikt steht im Mittelpunkt

Seelsorge

- In der Regel nur eine Partei
- Ziel: Lebenshilfe nach religiösen Maßstäben
- Schuld und Versöhnung (horizontal und vertikal) spielen eine zentrale Rolle
- Seelsorger ist theologischer Experte und nicht unparteiisch
- Unterstützung und Orientierung über konkrete Konflikte hinaus

Mediation

- In der Regel Einbeziehung aller Konfliktbeteiligten
- Ziel: zukunftsorientierte (schriftliche) Vereinbarung
- Schuld und Versöhnung (nur horizontal) spielen eine untergeordnete Rolle
- Mediator bleibt neutral
- Ein konkreter, benennbarer Konflikt steht im Mittelpunkt

Eisberg voraus!

Konflikttheorie

Konfliktforschung

Es gibt sowohl in der Psychologie als auch in der Soziologie sehr unterschiedliche konflikttheoretische Ansätze. Die Literatur ist uferlos. Das Anliegen, nämlich Konflikte ihrer Natur nach zu verstehen und die verschiedenen Bearbeitungskonzepte theoretisch zu beschreiben, ist jedoch brandaktuell. Es ist spannend, die Entwicklung in ihrer heutigen Dynamik zu verfolgen.

Den Grundstein moderner Konfliktforschung legte 1940 Kurt Lewin, ein „Social Psychologist" der Yale University. In seinem Forschungsbereich „Behavioral Science of Conflict Resolution" (Verhaltenswissenschaft von der Streitbeilegung) kam es durch den Zweiten Weltkrieg zu einem jähen Stillstand. In den 60er Jahren waren es wiederum die Vereinigten Staaten, in denen die Konfliktforschung neu auflebte, ausgelöst durch Vietnamproteste, Bürgerrechtsbewegungen, Neubestimmung der Geschlechterrolle und die Aufhebung der Rassentrennung. Eine zweite starke Wurzel war die Friedensforschung, die sich systematisch mit Konflikten beschäftigte, wenn auch eingeschränkt unter der Perspektive Krieg und Frieden. An Lewin knüpfte schließlich die Harvard University an. In ihrer juristischen Fakultät entstand das bis heute so einflussreiche „Harvard Negotiation Project" (vgl. S. 20 ff.). Heute gibt es kaum noch eine renommierte Universität, die nicht den Bereich Konfliktforschung dezidiert mit anbietet. Sie ist für gewöhnlich bei den Sozialwissenschaften und/oder den juristischen bzw. psychologischen Fakultäten angesiedelt.

Wir beschränken uns an dieser Stelle auf einen eher pragmatischen Blickwinkel: Welche Hilfestellungen können MediatorInnen durch grundlegende Betrachtungen zum Konfliktverständnis, zur Konfliktanalyse, zum Konfliktmanagement für ihre Arbeit gewinnen?

Unausgesprochen liegen dem Mediationsverfahren, wie es hier beschrieben worden ist, ja bereits eine Reihe konflikttheoretischer Überlegungen zugrunde. So können uns die folgenden Gedanken auch helfen, die Mediation in das größere Ganze der Konfliktforschung besser einzuordnen.

Konfliktverständnis

Konflikte sind, auch wenn das zunächst überraschend klingt, immer Dreiecksbeziehungen. Das hat schon Epikur im 3. Jahrhundert v. Chr. erkannt, als er postulierte, der Mensch im Naturzustand sei ein „wildes Tier“, das nur durch eine stärkere Gewalt vom Kampf gegen seine Artgenossen abgehalten werden könne. Neben die Konfliktparteien tritt also eine dritte Instanz, bei Epikur die „stärkere Gewalt“, die Konflikte durch Androhungen und Sanktionen verhindern oder zumindest eindämmen soll. Bis heute hat sich die stärkere Gewalt in Form der Staatsgewalt gehalten, und es scheint fraglich, ob ein menschliches Zusammenleben ohne Gesetz, Polizei, Richter und Schlichter vorstellbar ist. Allerdings gibt es im Hinblick auf Umfang und Härte der Staatsgewalt eine erhebliche Bandbreite vom absoluten Herrscher bis zur Basisdemokratie.

Aber auch wenn wir einmal vom (Straf-)Gesetz absehen: In anderen Ausprägungen menschlicher Konflikte ist ebenfalls immer eine dritte Instanz im Spiel, sei es die Tradition, die Moral, die Religion oder der Gruppendruck. Interessensgegensätze finden nie im luftleeren Raum statt, sie sind an Erziehung, Umwelt aber auch genetische Vorgaben gebunden. Deshalb sind Eltern, Erzieher, Peergroups – ja, und auch Streitschlichter – mit im Boot. Damit ist gesagt, dass Konflikte sowohl soziologische und psychologische als auch biologische Anteile haben, die allerdings von Konflikttheorien selten fachübergreifend behandelt werden.

Konflikte können auf zwei Weisen betrachtet werden: systemisch und wirklichkeitskonstruktivistisch. Aus systemischer Sicht werden die einzelnen Elemente und ihre Funktionen, d. h. ihre Beziehungen zueinander betrachtet. Die wirklichkeitskonstruktivistische Betrachtungsweise geht davon aus, dass wir nie mit der Wirklichkeit an sich umgehen, sondern stets nur mit unserer eigenen „Erfahrungswirklichkeit". Demzufolge ist alles, womit wir umgehen (und besonders auch Konflikte und Uneinigkeiten), eine subjektive Deutung der "Wirklichkeit", geprägt von unserer Erfahrung, unserem Denken und unserem Fühlen.

Das Wort Konflikt kommt vom lateinischen „confligere" und bedeutet Zusammenstoß. Was hier aufeinander prallt, sind die Bedürfnisse, Interessen, Ziele und Wünsche einzelner Menschen oder sozialer Systeme. Wenn sich ein Konflikt innerhalb eines Menschen abbildet, sprechen wir von einem **intrapersonalen Konflikt**. („Zwei Seelen wohnen, ach! in meiner Brust", lässt Goethe seinen Faust sagen – und auch hier ist die dritte Instanz unschwer zu erkennen.) Ein Interessensgegensatz zwischen zwei Individuen (der Gegensatz muss übrigens nicht immer real, sondern kann auch fälschlich angenommen sein) wird als **interpersonaler Konflikt** bezeichnet. Schließlich können dieselben Interessenkonflikte zwischen Organisationen bis hin zu Staaten auftreten. Nach Ralf Dahrendorf werden Konflikte, die von außen an eine Gesellschaft herangetragen werden, als **exogene Konflikte** bezeichnet (z. B. Anpasssungskonflikte, die auf einzelne Mitgliedsländer durch die EU zukommen). **Endogene Konflikte**, also Konflikte, die in einer Gesellschaft selbst erzeugt werden, sind z. B. der Rassenkonflikt in den USA oder Konflikte zwischen Gewerkschaften und Unternehmerverbänden. Eine soziologische Definition gibt Ralf Benrath:

Der Konflikt besteht als soziale Beziehung aus mehreren *Akteuren* und einer *Struktur*, darüber hinaus hat er einen *Inhalt*, über den es einen *Widerspruch* gibt. Dieser Widerspruch wird kommuniziert, wobei mit Kommunikation jegliche Form von *Interaktion* gemeint sein soll.

Den „kommunizierten Widerspruch" beschreibt Glasl näher mit „Unvereinbarkeiten im Denken/Vorstellen/Wahrnehmen und/oder Fühlen und/oder Wollen mit dem anderen Aktor." Eine für die Mediation hilfreiche Definition kommt von Ury: Konflikte liegen vor,

„wenn eine Person (oder eine Organisation) einer anderen gegenüber einen Anspruch oder eine Forderung erhebt, die von der anderen Seite jedoch zurückgewiesen wird. Dieser Anspruch kann auch aus einer Pflichtverletzung, einer Notlage oder einem Wunsch heraus entstehen."

Diese Definition ist deshalb hilfreich, weil das Mediationsverfahren einen benennbaren Konflikt voraussetzt: Ohne „Zankapfel" keine Mediation (vgl. S. 32). Ein Anspruch oder eine Forderung ist benennbar und sollte auch vor Mediationsbeginn benannt werden. Eine „Unvereinbarkeit im Denken/ Vorstellen/Wahrnehmen" ist nicht immer ein mediierbarer Konflikt. So können zwei Menschen sehr gegensätzliche politische Ansichten haben und trotzdem in Freundschaft verbunden sein. Erst wenn aus der politischen Gegensätzlichkeit Forderungen und Ansprüche erwachsen, hat der Konflikt einen Zankapfel und kann mediiert werden.

Konfliktarten

Es gibt zahlreiche Versuche, Konflikte zu kategorisieren. Eine einheitliche Systematisierung ist nicht möglich, denn dazu sind Konflikte zu vielfältig und vielschichtig. Je nachdem, ob z. B. zwischen personenbezogenen und strukturbezogenen Konflikten oder zwischen Annäherungs- und Vermeidungskonflikten oder nach Streitgegenständen oder Erscheinungsformen unterschieden wird, unterscheidet man auch die Konfliktsystematik und ihre

Inhalte. Die folgende Einteilung deckt sehr viele Konflikte ab und hat sich in der Mediation durch die Zuordnung möglicher Interventionen als hilfreich erwiesen (nach Moore und Besemer):

Sachkonflikte

Mögliche Ursachen:
- Mangelnde oder falsche Informationen
- Unterschiedliche Einschätzung von Daten, Fakten, Tatbeständen
- Unterschiedliche Einschätzung von Prioritäten
- Unterschiedliche Einschätzung von Aktionen, Prozessen

Mögliche Interventionen:
- Einigen Sie sich über die Gewinnung und Weitergabe von Informationen
- Entwickeln Sie gemeinsame Kriterien zur Bewertung von Daten
- Ziehen Sie von allen akzeptierte Experten und Sachverständige zu Rate

Wertekonflikte

Mögliche Ursachen:
- Unterschiedliche Ideologie, Religion oder Weltanschauung
- Unterschiedliche Erziehung und Sozialisation
- Interkulturelle Differenzen
- Politische Differenzen

Mögliche Interventionen:
- Vermeiden Sie wertende Sprache
- Ermöglichen Sie den Parteien zuzustimmen oder abzulehnen
- Schaffen Sie Einflusssphären, in denen **ein** Wertebündel vorherrscht
- Suchen Sie nach übergeordneten, für alle akzeptablen Zielen

Interessenskonflikte

Mögliche Ursachen:
- Angenommene oder tatsächliche Konkurrenz
- Ungleiche Verteilung von Ressourcen
- Machtstreben, konkurrierende Einflussnahme

Mögliche Interventionen:
- Verschieben Sie den Fokus von den Positionen zu den Bedürfnissen
- Suchen Sie nach objektiven Kriterien
- Entwickeln Sie umfassende Lösungen, in denen mehrere Interessen Platz haben (Vergrößerung des Kuchens)
- Handeln Sie Tauschgeschäfte aus, um unterschiedliche Interessen zu befriedigen

Strukturkonflikte

Mögliche Ursachen:
- Destruktive Verhaltens- oder Interaktionsmuster
- Zeitzwänge
- Von außen auferlegte Sachzwänge
- Schnittstellenprobleme zwischen Gruppen, Abteilungen, Organisationen

Mögliche Interventionen:
- Verändern Sie Rollenbeschreibungen
- Führen Sie ein faires, beidseitig akzeptiertes Verfahren der Entscheidungsfindung ein
- Verändern Sie Nähe und Distanz der Parteien
- Bringen Sie Abteilungen und Konfliktparteien ins Gespräch
- Machen Sie Zeit- und Sachzwänge transparent und suchen Sie nach Lösungen, die alle akzeptieren können

Kompetenzkonflikte
Mögliche Ursachen:
- Ungleiche Kontrolle, Macht oder Autorität
- Unklare Rollenverteilung
- Positionskämpfe
- Unklarheit über die gemeinsamen Ziele
- Unklare Zuständigkeiten

Mögliche Interventionen:
- Verändern Sie den Verhandlungsstil vom positionen-orientierten zum interessen-orientierten Verhandeln
- Beschreiben Sie Rollen, Funktionen und Ziele eindeutig und klar
- Suchen Sie faire, sachbezogene Lösungen. Reflektieren Sie gemeinsam, was Sie unter fair und sachbezogen verstehen

Beziehungskonflikte
Mögliche Ursachen:
- Starke Gefühle
- Missverständnisse, mangelnde Kommunikation
- Mangelnde Wertschätzung
- Feindbilder, Mobbing

Mögliche Interventionen:
- Geben Sie starken Gefühlen durch Verweis auf die Grundregeln, durch Einzelgespräche und Reframing einen festen oder neuen Rahmen
- Klären Sie Missverständnisse durch konsequentes Aktives Zuhören
- Suchen und unterstreichen Sie gemeinsame Ziele und Interessen
- Bauen Sie einen wertschätzenden Umgang auf
- Thematisieren Sie Antipathien oder Verletzungen. Suchen Sie gemeinsam nach Strukturen, die vorsichtige Annäherung ermöglichen

Intrapersonale Konflikte
Mögliche Ursachen:
- Kaum veränderbare Persönlichkeitsmerkmale und Eigenschaften
- Minderwertigkeitskomplexe oder Selbstüberschätzung
- Unausgeglichener Gefühlshaushalt

Mögliche Interventionen:
- Loten Sie mögliche Frei- oder Schutzräume aus
- Vergrößern Sie die Konfliktressourcen der jeweiligen Parteien durch Empowerment und Empathie
- Beziehen Sie die Gefühle in die Konfliktbearbeitung mit ein

Konfliktebenen

Häufig ist der sichtbare Konflikt nur die Spitze eines Eisbergs. Konflikte sind vielschichtig, sie berühren uns auf unterschiedlichen Ebenen. Höher (2002) spricht vom sichtbaren Konfliktvordergrund und dem versteckten Konflikthintergrund. Das Phänomen haben wir in Kap. 2 (Bild der Mutter) ausführlich beschrieben: Vordergründig kämpfen zwei Geschwister um ein Erbstück, hintergründig verhandeln sie das nach dem Tod der Mutter neu zu definierende Verhältnis zueinander. In diesem Fall ist ein Sachkonflikt sichtbar, unter der Oberfläche tobt ein Beziehungskonflikt. Aber auch der umgekehrte Fall ist denkbar: Eine Angestellte „kommt mit ihrem Vorgesetzten nicht klar". Was zunächst wie ein Beziehungskonflikt aussieht, hat seine Ursachen vielleicht in der Arbeitsunzufriedenheit der Angestellten, die sich unterfordert fühlt und sich (unausgesprochen) eine Beförderung wünscht. Wenn wir uns noch einmal die beschriebenen Konfliktarten vor Augen halten (S. 158 f.), so stellen wir fest, dass nach dem Eisbergmodell je nach Konfliktkonstellation jede dieser Konfliktarten „obenauf" oder „untendrunter" liegen könnte.

Konfliktebenen: Eisbergmodell

In Wirklichkeit ist die Konfliktsituation oft noch viel komplexer. Nehmen wir einmal an, die Angestellte, die mit ihrem Chef nicht zurechtkommt, ist seine mitarbeitende Frau. Dann könnte sich der Konflikt aus ihrer Perspektive auf folgenden Ebenen abspielen:

Sachebene:	Sie weigert sich, weiterhin die Aktenablage zu machen (scheinbarer Auslöser des Konflikts)
Interessenebene:	Sie wünscht sich eine Beförderung.
Beziehungsebene:	Sie wünscht sich Anerkennung durch ihren Chef/Mann.

Kompetenzebene:	Warum ist er der Chef? Die Firma gehört beiden, sie kann ebenso gut leiten wie er.
Strukturebene:	Sie arbeitet zu viel, ist aber unterfordert. Sie wünscht sich eine zusätzliche Sachbearbeiterin, die ihr zuarbeitet.
Werteebene:	Sie hat gerade ein Gender-Mainstreaming-Seminar besucht und ist zu der Überzeugung gekommen, dass sie – und auch die anderen Frauen im Betrieb sowie ihre Kundinnen – nicht angemessen wahrgenommen werden.
Intrapersonale Ebene:	Sie hat eine depressive Verstimmung, das macht alles noch schlimmer.

Das Beispiel ist konstruiert, aber es macht deutlich, dass Konflikte immer vielschichtig sind, und dass ALLE Ebenen (mehr oder weniger) „im Spiel" sind. Greifen wir die Spiel-Metaphorik auf: Jede Konfliktebene ist wie eine Karte im Kartenspiel. Die Fragen für den Mediator oder die Mediatorin lauten: Welche Karte liegt obenauf? Welche ist die Trumpfkarte? Welche Karten haben hohe, welche niedrige Werte?

Welche Konfliktebene ist Trumpf?

Herauszufinden, welche Konfliktebenen im aktuellen Konflikt eine Rolle spielen, kann für die Lösungsfindung entscheidend sein. In unserem kleinen Beispiel wäre eine Beförderung oder die Einstellung einer Sachbearbeiterin keine zufriedenstellende Lösung, wenn es der Frau in erster Linie um die Anerkennung ihres Mannes ginge und ihr diese versagt bliebe. Umgekehrt wäre der Konflikt bei aller persönlicher Anerkennung nicht gelöst, wenn die Frau ihre Gleichstellung ganz oben auf dem Wunschzettel hätte und in der Firma eine genderorientierte Kultur eingeführt sehen möchte.

Ein weiterer Gesichtspunkt: Je differenzierter der Mediator oder die Mediatorin die beteiligten Konfliktebenen herausarbeitet, desto größer wird der Kuchen der Lösungsoptionen, wenn sich auch selten alle Wünsche erfüllen lassen. Vielleicht rechnet sich die Einstellung einer Sachbearbeiterin nicht, aber eine Aushilfskraft schafft Entlastung. Vielleicht wäre die Frau auch zufrieden, wenn ihr Gehalt zwar nicht im gewünschten Maße angehoben würde, dafür aber die Publikationen und Briefformulierungen der Firma nach Gender-Grundsätzen geändert würden. Vielleicht ist Gender-Mainstreaming aber auch nur ein Nebenthema und die Frau wäre besonders glücklich, wenn ihr Mann ihr wieder mehr Wertschätzung, Anerkennung oder gar Liebe entgegenbrächte. Vielleicht liegt die Lösung in einer Kombination von zwei Optionen: z. B. in der Eintragung der Frau als Mitgesellschafterin ins Handelsregister UND einem Kurzurlaub auf Teneriffa, um der Winterdepression entgegenzuwirken.

Die Analyse und Bearbeitung ineinander wirkender Konfliktebenen kann sehr komplex werden. Hauptinstrument sind dabei für die MediatorInnen das Aktive Zuhören, geeignete Fragetechniken, die Visualisierung der Wünsche, ein gründliches, kreatives Brainstorming, die Bewertung der Lösungsoptionen nach dem Best Case-Worst Case-Verfahren und vieles mehr.

Konfliktverlauf

Das von Glasl Anfang der achtziger Jahre publizierte Neun-Stufen-Modell der Konflikteskalation ist auf breiter Basis rezipiert worden. Es geht davon aus, dass schwere Konflikte nicht vom Himmel fallen, sondern sich entwikkeln. Dabei durchläuft der Konflikt vorhersehbare Phasen der Eskalation. Ihre Kenntnis ist bei der Konfliktanamnese, wie wir gleich sehen werden, von großer Hilfe. Verschiedentlich werden die Eskalationsphasen Glasls zu 5-7 Stufen zusammengefasst oder auf bis zu 12 Stufen ausdifferenziert. Bedenkenswert bei Glasl sind die nach Phase 3 und 6 eingezogenen Schwellen. Hier ist die Konflikteskalation an einer Schwelle angelangt, die zu überschreiten zusätzliche Energie erfordert. Umgekehrt erschweren sie den Weg der in der Konfliktbearbeitung angestrebten Deeskalation:

1. Verhärtung: Die Standpunkte verhärten sich und prallen aufeinander. Das Bewusstsein bevorstehender Spannungen führt zu Verkrampfungen. Trotzdem besteht noch die Überzeugung, dass die Spannungen durch Gespräche lösbar sind. Noch keine starren Parteien oder Lager.

2. Debatten: Es findet eine Polarisation im Denken, Fühlen und Wollen statt. Es entsteht ein Schwarz-Weiß-Denken und eine Sichtweise von Überlegenheit und Unterlegenheit.

3. Aktionen: Die Überzeugung, dass „Reden nichts mehr hilft", gewinnt an Bedeutung und man verfolgt eine Strategie der vollendeten Tatsachen. Die Empathie mit dem „anderen" geht verloren, die Gefahr von Fehlinterpretationen wächst.

4. Koalitionen: Die „Gerüchte-Küche" kocht, Stereotypen und Klischees werden aufgebaut. Die Parteien manövrieren sich gegenseitig in negative Rollen und bekämpfen sich. Es findet eine Werbung um Anhänger statt.

5. Gesichtsverlust: Es kommt zu öffentlichen und direkten (verbotenen) Angriffen, die auf den Gesichtsverlust des Gegners abzielen.

6. Drohstrategien: Drohungen und Gegendrohungen nehmen zu. Durch das Aufstellen von Ultimaten wird die Konflikteskalation beschleunigt.

7. Begrenzte Vernichtungsschläge: Der Gegner wird nicht mehr als Mensch gesehen. Begrenzte Vernichtungsschläge werden als „passende" Antwort durchgeführt. Umkehrung der Werte: Ein relativ kleiner eigener Schaden wird bereits als Gewinn bewertet.

8. Zersplitterung: Die Zerstörung und Auflösung des feindlichen Systems wird als Ziel intensiv verfolgt.

9. Gemeinsam in den Abgrund: Es kommt zur totalen Konfrontation ohne einen Weg zurück. Zur Vernichtung des Gegners wird die Selbstvernichtung in Kauf genommen.

Wir sehen, dass mit jeder Eskalationsstufe ganze Kategorien von Handlungsmöglichkeiten aufgegeben werden und das eigene Verhalten sowie das des Gegners immer weiter eingeengt wird. Die Gewaltbereitschaft steigt und sehr schnell gerät der Konflikt außer Kontrolle.

Glasls Eskalationsmodell kann uns helfen, schon im Vorgespräch durch geeignetes Fragen den Eskalationsstand des Konflikts in Erfahrung zu bringen. Es gibt MediatorInnen, die den Einsatz von Mediation nach der Überschreitung der ersten Schwelle für problematisch halten, weil der gegenseitige Respekt und der Wille zur Konfliktlösung nicht mehr gegeben sind. Der Einsatz der Mediation jenseits der zweiten Schwelle scheint vielen MediatorInnen ganz ausgeschlossen. Ich persönlich bin zuversichtlicher, da nach meiner Erfahrung auch extrem verhärtete Konflikte bei der Aussicht auf gegenseitige Anerkennung erstaunlich schnell aufweichen können. Allerdings lässt sich die Konflikteskalation nicht durch Wunderhand zurückspulen. Konflikte lassen sich überhaupt nicht zurückspulen. Vielmehr helfen MediatorInnen den Parteien, lösungsorientiert nach vorne zu sehen. Bei sehr eskalierten Konflikten muss der eigentlichen Mediation eine Zeit des Vertrauensaufbaus vorgeschaltet werden, damit die zwei wichtigsten Voraussetzungen für eine Mediation, die Freiwilligkeit sowie die Lösungsbereitschaft, wachsen können. In einer solchen Situation ist viel Geduld, Einfühlungsvermögen und eine Portion „Shuttle-Mission“ gefragt, womit das Führen mehrerer Vor- und Einzelgespräche mit beiden Seiten gemeint ist.

Konfliktmanagement

Gerhard Schwarz (dessen Gedanken ich in diesem Abschnitt folge), schlägt sechs grundsätzliche Lösungsmuster vor, nach denen Konflikte bearbeitet werden:

1. Flucht
2. Vernichtung
3. Unterwerfung/Unterordnung
4. Delegation
5. Kompromiss
6. Konsens

Hinter der Reihenfolge steht durchaus Absicht, denn sie bezeichnet einen Weg von ursprünglichen, instinktiven Verhaltensmustern hin zu „reiferen" Lösungsmodellen, die die Konfliktlösungsressourcen der Beteiligten mehr und mehr fordern. Fluchtverhalten und Aggressionsverhalten kommen fast immer parallel vor und ergänzen einander. Sie sind archetypisch und liegen auch dem heutigen Menschen noch „im Blut", wenn man an so affektive Reaktionen wie Fahrerflucht oder Totschlag denkt.

Flucht und Vernichtung

Flucht als Reaktion bei Konflikten ist aber auch im Spiel, wenn Menschen versuchen, ein Problem „auf die lange Bank zu schieben", „unter den Teppich zu kehren", zu ignorieren oder zu verdrängen. Flucht hat aber auch Vorteile. Sie belastet nervlich nicht so unmittelbar wie die Auseinandersetzung mit dem Konflikt. Sie kostet weniger Energie, birgt ein geringeres Risiko und produziert nicht unbedingt einen Verlierer. Wenn (oder weil) mit der Flucht jedoch die Interessen und Bedürfnisse ungestillt bleiben, stellen sich schnell gravierende Nachteile ein. Die Schwierigkeiten kommen in verschärfter Form wieder hoch. Was unter den Teppich gekehrt wurde, beginnt zu modern und verpestet die Luft. Vor allem Beziehungen und gegenseitiges Vertrauen werden langsam und schleichend zerstört. So kommt es oft trotz erster Fluchtreaktionen doch noch zum Kampf. Moderne Kampfrituale werden nur im Extremfall mit der Waffe ausgetragen.

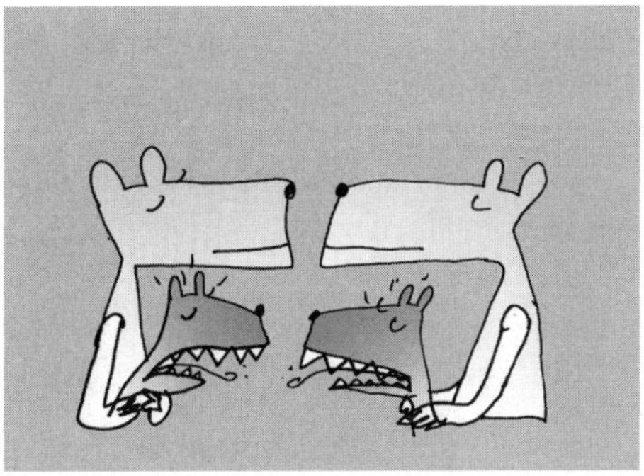

Aber auch Mobbing, Rufmord, Entlassung, oder ruinöses Geschäftsgebahren sind Vernichtungsstrategien und enden (vgl. die Eskalationsphasen Glasls weiter oben) nur zu oft mit einseitigem oder beiderseitigem Untergang.

Unterwerfung

Der Verzicht auf die Vernichtung des Gegners führt zu seiner Unterwerfung. Zwar wird die Sklaverei in unseren Breiten öffentlich nicht (mehr) geduldet, zwar reden wir nicht mehr von Herren und Untertanen, aber das Prinzip ist immer noch allgegenwärtig: in der Wirtschaft, in der Familie, in allen hierarchisch-autoritär strukturierten Gesellschaftsformen und Gruppen. Dabei ist im Konfliktfall des Systems Unterwerfung/Unterordnung von vornherein festgelegt, wer aus dem Konflikt als Sieger hervorgeht: nicht unbedingt der, der im Recht ist, sondern der Stärkere. Selbst im Mehrheitsprinzip demokratischer Abstimmungen finden wir noch den Unterwerfungsgedanken, denn in ihr haben Minderheiten kaum eine Chance zur Konfliktlösung auf gleicher Augenhöhe.

Delegation

Die Methode, Konflikte zwischen zwei Menschen oder zwei Gruppen durch Delegation an eine höhere Instanz (z. B. ein Gericht) entscheiden zu lassen, hat zwei Voraussetzungen:

1. Im jeweiligen Konfliktfall gibt es eine richtige und eine falsche Lösung.
2. Die angerufene höhere Instanz findet die richtige Lösung.

Zum ersten Mal kommt also der Streitschlichter ins Spiel, der neutrale Dritte, der an diesem Konflikt nicht selber beteiligt sein darf. Vorteil des Verfahrens, auch im Hinblick auf die Unterwerfung des Gegners, ist die gemeinsame Verbindlichkeit von allgemeinen Prinzipien, die Einführung von Objektivität, Sachlichkeit und (Rechts-)Kompetenz. Doch selten gibt es in Konflikten ein Richtig und ein Falsch. Und oft kann die höhere Instanz selbst bei bestem Willen keine richtige Lösung finden, was die Identifikation mit der Lösung (für beide Seiten!) nicht eben fördert. Delegation hat ferner den großen Nachteil, dass die Verantwortung für die Bearbeitung des Konflikts abgegeben und damit ein Stück Mündigkeit aufgegeben wird (vgl. S. 15 u. S. 151 f.)

Kompromiss

Der Kompromiss ist die Antwort auf die Erkenntnis, dass es nicht nur ein Richtig und ein Falsch gibt. Er ist ein Teilkonsens, wenn auch kein glücklicher. Teileinigung ist immer auch Teilverlust. In der Sprache der Mediation: Positionen stehen im Mittelpunkt, nicht die zugrundeliegenden legitimen Interessen. Deshalb ist auch beim Kompromiss die individuelle Identifikation mit der Lösung gering. Der Kompromiss ist gegenüber den bisherigen Lösungsmodellen attraktiver, bleibt jedoch häufig notwendiges Übel. Nicht umsonst spricht man häufig vom „faulen“ Kompromiss.

Konsens

Wenn es im Konflikt zwei Ansichten gibt, die beide aus ihrer jeweiligen Perspektive „wahr“ sein können, dann versagen alle bisher genannten Lösungsinstrumente. Es beginnt die eigenverantwortliche Suche nach einer Lösung, die nicht beide Seiten zur Hälfte, sondern beiden Seiten möglichst ganz gerecht wird. Der Konsens, wie er (nicht nur) in der Mediation gesucht wird, liegt nicht auf der Ebene der Positionen, sondern der Wünsche und Interessen. Gerhard Schwarz spricht von einem „dialektischen Entwicklungsprozess“, in den sich die Kontrahenten begeben müssen, dessen Resultat eine Lösung ist, die beiden Seiten Rechnung trägt und die nicht zur Verdrängung, zur Vernichtung, zur Unterordnung, zur Konfliktdelegation oder zum unbefriedigenden Kompromiss führt. Für Schwarz ist der Konsens die höchstentwickelte Form der Konfliktlösung zwischen zwei Parteien.

Konflikthaltung

Immer noch empfindet ein Großteil der Menschen Konflikte als etwas Unangenehmes und verdrängt sie oder begegnet ihnen mit Macht und Richtspruch. Seit den 70er Jahren jedoch (mit angestoßen von der 68er Bewegung) wurde eine etwas „gelassenere“ Haltung zu Konflikten gewonnen. Kritik, Auflehnung und eine gewisse Lust am Streiten führten zu einem steigenden

Selbstbewusstsein im Umgang mit Konflikten. Beck und Schwarz sagen, dass in einer modernen Gesellschaft Meinungsstreit, Auseinandersetzungen und Abstimmungsprozesse zwischen konkurrierenden und kooperierenden Gruppen sowie eine Vielfalt an Werten, Zielen, Interessen und Erwartungen zum Alltag demokratisch verfasster Gesellschaften und Organisationen gehören. Glasl beschreibt diese unterschiedlichen Konflikthaltungen mit „Konfliktscheu" und „Streitlust", die ihren Ausgleich in der „Konfliktfähigkeit" finden. Bei der Konfliktfähigkeit werden Aggressionen als Energien angesehen und positiv umgeleitet, Konflikte werden als Hilfe verstanden, sich von Überkommenem zu lösen, und Unterschiede gelten als Lebensnotwendigkeit und Bereicherung des Lebens.

Konflikte können sowohl nutzen als auch schaden. Ihre Auswirkungen hängen sehr davon ab, wie die betroffenen Parteien damit umzugehen vermögen. Wie wir schon eingangs erwähnten, können Konflikte Chancen sein (S. 20). Sind „konfliktfähige" Parteien in einen Konflikt involviert, können Innovationen gefördert, Selbsterkenntnisse gewonnen, Unterschiede bearbeitet und Beziehungen gefestigt werden.

Konfliktdynamik

Unsere Worte und Taten verschärfen einen Konflikt oder bringen ihn einer konstruktiven Lösung näher. Das sind unsere Optionen (vgl. Konflikteskalation S. 163):

Eskalierend	*Lösungsfördernd*
Schweigen	**Kommunikation**
Unklare Kommunikation	**Transparenz**
Vermeidung wichtiger Themen	**Anpacken wichtiger Themen**
Du-Botschaften	**Ich-Botschaften**
Vorwürfe	**Wünsche**
Anklagende Fragen	**Offene Fragen**
Vorträge, Monologe	**Aktives Zuhören**
Ratschläge	**Offenheit, Interesse**
Unterbrechen	**Aufnehmen**
Selbstzentriertheit	**Zugewandtheit**
Vergangenheitsorientierung	**Zukunftsorientierung**
Verallgemeinerungen	**Konkrete Formulierungen**
Festhalten an Positionen	**Fokussierung auf zugrundeliegende Interessen**

Ein Kind, viele Eltern

Geschichte und Entwicklung der Mediation im Überblick

Überall dort, wo sich Menschen in Konflikte konstruktiv einmischen, aufgebrachte Menschen beruhigen, unterschiedlichen Sichtweisen und Standpunkten Raum geben und helfen, gemeinsame brauchbare Lösungen zu entwikkeln, geschieht Mediation. Mediation ist also keine neue Erfindung, sondern geht weit in die Menschheitsgeschichte zurück. Mediation wurde in Amerika nicht erfunden, sondern wiederentdeckt und methodisch strukturiert. Die mediative Grundhaltung und die entscheidenden Kommunikationstechniken hatten die amerikanischen Gründungsväter mitgebracht – aus Europa, Afrika und Asien. Und sicher hatten schon die amerikanischen Ureinwohner Konfliktlösungsstrategien, die auf Konsens beruhten und nicht nur auf Krieg oder Unterwerfung (vgl. S. 165).

Der folgende Überblick beschäftigt sich trotzdem schwerpunktmäßig mit der Mediationsentwicklung in den USA, weil das Verständnis dieser Entwicklung hilft, das Mediationsverfahren inhaltlich und entwicklungsgeschichtlich besser einzuordnen. Denn es ist nicht zu leugnen, dass das in diesem Buch beschriebene Verfahren über die USA nach Europa kam und dass Amerika bis heute ein wesentlicher Antriebsmotor konsensorientierter Konfliktbearbeitung ist. Vorangestellt sind frühe Wurzeln der Mediation, im Anschluss folgt die Entwicklung in Deutschland.

FRÜHERE MEDIATIVE KONFLIKTLÖSUNGSANSÄTZE – Einige Wurzeln der Mediation

■ In afrikanischen Dörfern werden die Streitigkeiten zwischen Personen von jeher unter "Palaver-Bäumen" geregelt und nicht mit teuren Gerichtsprozessen. Nach einer alten Tradition diskutieren die Kontrahenten ihr Problem im Beisein eines alten Weisen, der ihnen hilft, ein Einvernehmen zu finden.

■ In östlichen Kulturen wie China und Japan spielt die alternative Konfliktbehandlung ebenfalls eine große Rolle. Sie wurde dort bereits vor 2000 Jahren angewendet und ist bis heute ein fester Bestandteil der Abwicklung von Konflikten im privaten und öffentlichen Bereich. Von den Führern der Dorfgemeinschaften wird erwartet, dass sie den BewohnerInnen helfen, ihre Konflikte zu lösen. In China werden jährlich sieben bis acht Millionen Konfliktfälle durch Mediatoren, hauptsächlich auf kommunaler Ebene, vermittelt und zu 90 % erfolgreich abgeschlossen. Obwohl in China fünfmal mehr Menschen leben als in den USA, beträgt die Zahl der Rechtsanwälte verglichen mit den USA nur 5 %. Einen Kompromiss zu erreichen, wird daher gesellschaftspolitisch weit höher bewertet, als sein persönliches Recht durchzusetzen.

■ Im antiken Griechenland wurden politische Konflikte durch die Vermittlung anderer Städte beigelegt. So stützten sich Athen und Sparta auf die Vermittlungsdienste kleinerer Stadtstaaten.

■ Auch in der Bibel finden sich Ratschläge zur informellen, außergerichtlichen Konfliktbewältigung durch Dritte. Eine hat sich bis heute als Redewendung erhalten, nämlich die „salomonische Entscheidung". König Salomo musste in einem Fall entscheiden, in dem zwei Frauen sich um ein Kind stritten. Er schlug vor, das Baby zu zerteilen, damit jede eine Hälfte bekomme. Als eine Frau dies entsetzt ablehnte, sprach er ihr das Kind zu, da sie es (im Gegesatz zur andern Frau) offensichtlich wirklich liebte. Das war Salomos früher Beitrag zu einer bedürfnisorientierten Konfliktklärung, in der es allerdings keine zwei Gewinner gab.
Jesus Christus rät im Matthäus-Evangelium (Kap. 18, 15 -17), einen oder zwei Außenstehende beizuziehen, wenn ein Regelverstoß nicht im direkten Gespräch bereinigt werden kann. Paulus nimmt den Gedanken auf (1. Korintherbrief, 6,1 ff.), wenn er die Mitchristen auffordert, ihre Konflikte nicht vor Gerichten, sondern untereinander zu klären. Diese Aufforderung hat große Auswirkungen gehabt. Bis ins Mittelalter (oder bis heute?) hatten die Priester eine umfangreiche Vermittlerrolle. Hier ist eine starke Wurzel des heutigen Mediationsverfahrens zu suchen. Christliche Gruppen wie die Quäker oder Mennoniten sind bis heute Vorreiter in der konsensorientierten Konfliktbearbeitung und haben einen reichen und praxiserprobten Erfahrungsschatz eingebracht.

■ Der Westfälische Friede wurde durch die fünf Jahre dauernde, vermittelnde Tätigkeit des Vertreters der Republik Venedig, Alvise Conarini, ausgehandelt und beendete den 30-jährigen Krieg. Am 24.10.1648 wurde in Europa somit erstmals ein Konflikt nicht durch militärische Gewalt, sondern auf dem Verhandlungsweg beendet.

MEDIATIONSENTWICKLUNG IN DEN USA – Entwicklungen und Meilensteine

1.
Die Ankömmlinge aus der Alten Welt brachten ihre Konfliktbewältigungsstrategien mit. Es waren Vermittlungskonzepte in einem vorrangig kirchlichen Kontext.

ca. 1630 bis Mitte 18. Jh.	· Puritaner aus England (Massachusetts) · New Netherlands (New York, Delaware) „Board of 9 Men" · andere englische Kolonien (Connecticut, Vermont, South Carolina, New Jersey)
15. bis Mitte 19. Jh.	· spanische Kolonien (Florida, Lousiana, Texas, New Mexico, Kalifornien) Priester und Alkalden

2.
Mit dem wirtschaftlichen Aufstieg und dem Vormarsch des Kapitalismus versagten die Vermittlungskonzepte der Kirchen. Durch die entsprechende Wertediffusion (Pluralismus) gewannen die ursprünglich verpönten weltlichen Gerichte an Bedeutung. Vom Ende des 18. Jh. an wurde immer weniger vermittelt/geschlichtet (**Arbitration**) und immer mehr Recht gesprochen (**Litigation**).

ca. 1790	· Der Supreme Court spricht den Gerichten das Recht zu, Vermittlungsergebnisse zu überstimmen.

3.
Vom Ende des 19. Jh. an kommt ADR (Alternative Dispute Resolution = „Alternative Konfliktlösung") langsam wieder in den Blick als Möglichkeit, Konflikte friedlich und dauerhaft zu lösen.

1887	· „Interstate Commerce Act" – freiwillige Anrufung von Schlichtungsstellen für Eisenbahngesellschaften und ihre Mitarbeiter
1925	· „Federal Arbitration Act" – Möglichkeit zur außergerichtlichen Streitbeilegung durch Schlichtung bei Wirtschaftsverträgen
1939	· Gerichtseingebundene „Versöhnungsberatungsstellen" in Kalifornien
1947	· Gründung des „Federal Mediation and Conciliation Service" (Vermittlung und Schlichtung) = Konfliktvermittlung in Arbeitskämpfen

4.
ADR findet neue Impulsgeber in den 60er und 70er Jahren.

1964	· Gründung des „Community Relations Service" des amerikanischen Justizministeriums als Konfliktvermittlungsstelle bei Diskriminierungen rassischer, ethnischer und nationaler Art, ausgelöst durch - Vietnamproteste - Bürgerrechtsbewegungen - Studentenunruhen - Neubestimmung der Geschlechterrolle - Aufhebung der Rassentrennung

5.
Die Universitäten beschäftigen sich zunehmend mit ADR.

1940	· Kurt Lewin, ein „Social Psychologist" der Yale University, legt den Grundstein moderner Konfliktforschung mit dem Forschungsbereich „Behavioral Science of Conflict Resolution" (Verhaltenswissenschaft von der Streitbeilegung).
1979	· Das „Harvard Negotiation Project" entsteht. Es ist eine Hauptwurzel moderner Mediation.

6.
Aufgrund der positiven Erfahrungen mit den Konfliktvermittlungsstellen der 60er Jahre, vor allem aber durch den wachsenden Unmut der Bevölkerung gegenüber hoffnungslos überlasteten und ineffektiven Gerichten entstehen seit den 70er Jahren Mediationsstellen im heutigen Sinn.

1973	· In verschiedenen Regierungsbezirken in Kalifornien, Wisconsin und Minnesota werden gerichtsangegliederte „Conciliation Courts" („Schlichtungsgerichte") für das Sorge- und Besuchsrecht getrennter Eltern eingerichtet. Diese erhalten hier erstmals die Möglichkeit, eigenverantwortlich nach Lösungen zu suchen.
1976	· Wegen der hohen Erfolgsquote dieser Mediationen, werden in den drei kalifornischen Ballungszentren Los Angeles, San Francisco und San Jose ALLE strittigen Sorge- und Besuchsrechtssachen an die Conciliation Courts überwiesen.
1980	· Ein Gesetz wird verabschiedet, das die Conciliation Courts in ganz Kalifornien zur ersten Pflicht macht. Die Finanzierung dieser Vermittlungsstellen wird damit sichergestellt. Oregon und Ohio und weitere US-Bundesstaaten folgen. Heute werden in den USA mehr als 50 % aller Gerichtsstreitigkeiten durch Mediation gelöst. Neben den Sorge- und Besuchsrechtsfällen wird die Mediation auf viele weitere Bereiche ausgedehnt (Nachbarschaftskonflikte, Mieterkonflikte, Umweltkonflikte, Wirtschaftskonflikte u.v.a.m.).
70er Jahre	· Neben den gerichtsangegliederten Vermittlungsstellen entstehen „Community Mediation Centers" oder „Neighborhood Justice Centers" (Gemeinwesenmediation), die staatlich gefördert werden und mit den Gerichten zusammenarbeiten. Waren es 1976 10 solcher Centers, erhöhte sich die Zahl bis 1986 auf 170 und bis heute auf über 550 Stellen.
1974	· Mit dem Bauvorhaben „Snoqualmie River Dam" gibt es das erste Umweltmediationsverfahren. Bis 1984 werden weitere 161 Umweltmediationen durchgeführt. Erfolgsquote: 79 %
80er Jahre	· Die Mediation zieht in die Betriebe, Unternehmen, Schulen, Wohlfahrtsorganisationen und in die Bewährungshilfe ein (TOA).
90er Jahre	· Immer mehr Kommunen vernetzen ihre Mediationsbemühungen und verwandeln ADR (Alternative Dispute Resolution) in PDR (Primary Dispute Resolution): Mediation also nicht mehr als alternativer, sondern als primärer Konfliktlösungsansatz (vgl. S. 175).

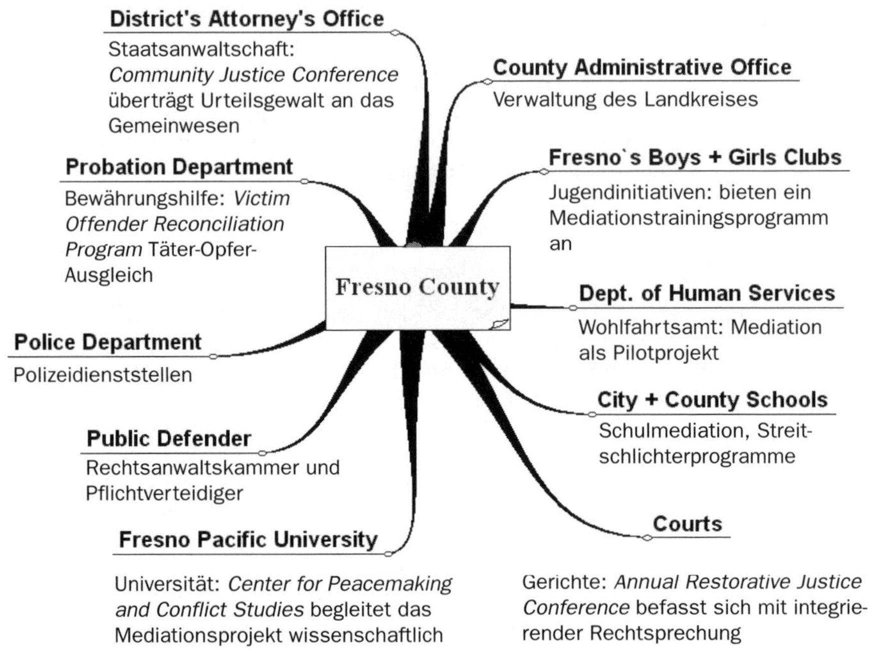

Primary Dispute Resolution: Mediation zuerst

Ein Beispiel für die Entwicklung der Mediation im Vorreiterland USA: Der Landkreis Fresno in Kalifornien versucht seit einigen Jahren die Mediation auf allen Ebenen fest zu installieren. Hier spricht man nicht mehr von alternativer Konfliktschlichtung (ADR/Alternative Dispute Resolution), sondern von primärer oder vorgeschalteter Konfliktschlichtung (PDR/Primary Dispute Resolution). Die Graphik zeigt alle zur Zeit beteiligten Ämter und Organisationen. Das Projekt mit dem Namen „Fresno Framework PDR“ hat sich folgende Grundsätze gegeben: Restorative Justice (ein wiederherstellendes Rechtssystem)...

- ist eine Haltung, die es soweit wie möglich allen recht machen will
- erkennt die weitreichenden negativen Folgen der Gewalterwiderung
- möchte Konflikte so zeitnah wie möglich behandeln
- entschuldigt nicht Taten und Täter
- möchte Konfliktbeteiligten helfen, Verantwortung für den Konflikt und seine Folgen tragen zu können
- möchte alle Konfliktbeteiligten „eingrenzen“ (= in die Community integrieren) statt sie auszugrenzen
- stellt Freiwilligkeit und Kooperation über die Ausübung von Staatsgewalt, die letztes Mittel ist
- möchte am Ergebnis, nicht an den Intentionen gemessen werden

Dt. Zusammenfassung v. Verfasser
Quelle: http://www.fresno.edu/dept/pacs/docs/rjframe0201.pdf

MEDIATIONSENTWICKLUNG IN DEUTSCHLAND

70er Jahre	· Seit den 70er Jahren gibt es in Deutschland eine intensivierte wissenschaftliche Debatte über Alternativen in und zur Justiz. Sie erhält wesentliche Impulse aus den USA.
80er Jahre	· Ab Mitte der 80er Jahre wird der Täter-Opfer-Ausgleich auf professioneller Basis entwickelt.
	· Zusammenschluss von MediatorInnen, die von US-amerikanischen MediatorInnen gelernt haben, mit Mitgliedern der Friedensbewegung. Daraus entsteht 1992 der Mediation e.V., später umbenannt in Bundesverband Mediation e.V. (BM).
1989	· Fachleute aus den Bereichen Jura, Psychologie und Sozialpädagogik führen die Trennungs- und Scheidungsmediation ein. Daraus entsteht 1992 die Bundesarbeitsgemeinschaft für Familienmediation (BAFM).
1992	· PädagogInnen beginnen Erfahrungen mit der Schulmediation zu sammeln. Streitschlichter- und Konfliktlotsenmodelle werden entwickelt. Die Schulmediation wird zu einem Motor der Mediationsbewegung in Deutschland.
1995	· In Lüneburg wird die erste deutsche Gemeinwesenmediationsstelle gegründet.
	· Erste deutsche Umweltmediation (Sonderabfalldeponie Münchehagen)
1998	· Gründung der Gesellschaft für Wirtschaftsmediation und Konfliktmanagement, eine von inzwischen mehreren Organisationen für Wirtschaftsmediation in Deutschland (vgl. S. 177).
2000	· Erste Bundesländer führen in Modellprojekten die obligatorische Streitschlichtung ein (vgl. S. 16).
2003	· Österreich verabschiedet ein Bundesgesetz für Mediation in Zivilrechtssachen. Damit liegt erstmals im deutschsprachigen Raum eine umfassende rechtliche Regelung der Mediation in Zivilrechtsangelegenheiten vor.
2004	· Neue EU-Richtlinie für Mediation. Sie gibt den Gerichten der Mitgliedstaaten die Möglichkeit, die Anwendung der Mediation aktiv zu fördern, ohne dass diese jedoch zwingend oder bestimmten Bedingungen unterworfen wird.
2007	· Erste Rechtsschutzversicherungen bieten Mediation als alternative bezahlte Leistung an. Die Ergebnisse sind so erfolgreich, dass bis 2012 alle großen Rechtsschutzversicherungen Mediation in ihre Produktpalette aufgenommen haben.
2012	· Nach langem Ringen wird nun auch in Deutschland ein Mediationsgesetz verabschiedet. Immerhin: die Abstimmung im Bundestag erfolgt einstimmig.
2014	Noch Platz für Entwicklung...

Wir tun uns zusammen

Vernetzung, Adressen, Ethische Leitlinien

Die folgende Zusammenstellung von Mediationsverbänden in Deutschland soll nicht nur eine Hilfe zum Nachschlagen von Adressen sein. Sie soll gleichzeitig signalisieren: MediatorInnen in unseren Breiten sind längst nicht mehr allein. In den Ethischen Leitlinien des Bundesverbandes Mediation (vgl. S. 179 f.) heißt es:

Wir verpflichten uns zu regelmäßiger Selbstreflexion durch Supervision, Coaching oder kollegiale Beratung und bilden uns regelmäßig fort, um unsere Qualität zu sichern.

Praktizierende MediatorInnen suchen und brauchen den kollegialen Austausch, die gegenseitige Hilfestellung, Förderung und Korrektur – ganz zu schweigen von den vielen Anregungen und kreativen Ideen für Mediation und Ausbildung. In den Verbänden gibt es eine Vielzahl von Fach- und Regionalgruppen, Arbeitskreisen, Workshops und Kongressen. Interessierte Gäste sind dabei immer gerne gesehen und herzlich willkommen. Auskunft geben die jeweiligen Organisationen, über die auch Kontakte ins Ausland geknüpft werden können.

MediatorInnen reflektieren ihr Tun und die Bedingungen ihres Tuns. Davon geben stellvertretend die im Anschluss an die Kontaktadressen abgedruckten Ethischen Leitlinien des Bundesverbandes Mediation sowie der Europäische Verhaltenskodex für Mediatoren Auskunft, der von einer großen Zahl von Mediationsorganisationen unter der Mithilfe der Europäischen Kommission entwickelt und am 2. Juli 2004 in Brüssel verabschiedet wurde.

Mediationsverbände in Deutschland

Stand: August 2014

Bundes-Arbeitsgemeinschaft für Familien-Mediation e.V. (BAFM)
Spichernstraße 11
10777 Berlin
Tel.: 030/23 62 82 66
Fax: 030/219 68 810
Email: bafm@bafm-mediation.de
www.bafm-mediation.de

Bundesverband Mediation e.V. (BM)
Wittestr. 30 K
13509 Berlin
Tel: 030/43 57 25 30
Fax: 030/43 57 25 31
Email: info@bmev.de
www.bmev.de

Bundesverband Mediation in Wirtschaft und Arbeitswelt (BMWA)
Prinzregentenstr. 1
86150 Augsburg
Tel.: 0821/588 643 66
Telefax: 0821/589 12 98
Email: info@bmwa.de
www.bmwa.de

CfM - Centrale für Mediation
Gustav-Heinemann-Ufer 58
50968 Köln
Tel.: 0221/9 37 38-821
Fax: 0221/9 37 38-926
Email: cfm@mediate.de

Deutsche Gesellschaft für Mediation in der Wirtschaft e. V. (DGMW)
Grünstraße 1
75172 Pforzheim
Tel.: 0711/51866956
Fax: 07231/1541414
Email: info@dgmw.de

Deutsche Gesellschaft für Wirtschafts-mediation e.V. (DGWM)
Kärntener Straße 8
10827 Berlin
Tel.: 030/78716673
Email: sekretariat@dgwm.eu

Integrierte Mediation e.V.
Im Mühlberg 39
57610 Altenkirchen
Tel.: 02681/98 62 57
Fax: 02681/98 62 75
Email: info@in-mediation.eu
www.in-mediation.eu

Arbeitsgemeinschaft Mediation im DAV
Deutscher Anwaltverein
Littenstrasse 11,
10179 Berlin
Tel.: 030/72 61 52-128,
Fax: 030/72 61 52-195
Email: pluszyk@anwaltverein.de
www.mediation.anwaltverein.de

Bundesrechtsanwaltskammer (BRAK)
Arbeitsgruppe Mediation
Littenstr. 9
10179 Berlin
Tel.: 030/28 49 39-11
Email: zentrale@brak.de
www.brak.de

Deutsche Gesellschaft für Mediation (DGM)
Beethovenstr. 32
58097 Hagen
Tel.: 02331/9 87 48 60
Fax: 02331/ 9 87 395
Email: info@dgm-web.de
www.dgm-web.de

Deutsches Forum für Mediation e.V. (DFfM)
Hohe Straße 11
04107 Leipzig
Tel.: 0341/224 86 61
Fax: 0341/254 13 51
info@deutscher-mediationsrat.de
www.deutscher-mediationsrat.de

Förderverein Mediation im öffentlichen Bereich e.V. (FMöB)
Postfach 252
57502 Betzdorf / Sieg
Email: info@umweltmediation.info

Forum für Verhandlung und Mediation
Europa-Universität Viadrina
Prof. Dr. Stephan Breidenbach
Große Scharrnstr. 59
15230 Frankfurt/Oder
Tel.: 0335/55 34 30
Email: breidenbach@euv-frankfurt-o.de

Gesellschaft für Schlichtung und Mediation e.V.
Bismarckstr. 57
33330 Gütersloh
Tel. 05241/ 300 71 71
Fax 05241/ 300 71 72
Email:
info@schlichtung-und-mediation.de
www.schlichtung-und-mediation.de

Mediation DACH e.V.
Holzdamm 41
D-20099 Hamburg
Email: info@mediation-dach.com
www. mediation-dach.com

Stuttgarter Institut für Konfliktbewältigung e.V. (S.I.K.)
Lindenfelsstr. 15
70327 Stuttgart
Tel.: 0711/6 49 81 99
Fax:0711/2 38 47 83
Email: Sik-ev@t-online.de
www.sik-ev.de

MediatorInnen-Netzwerk EMK
70806 Kornwestheim
Virginiastr. 8
Tel. 07141-23 92 966
Email:
Christa.Brombach@t-online.de
www.emk-mediation.de

Netzwerk WEMEDIATE
Dr.-Josef-Müllerstr. 3
97225 Retzbach
Tel.: 093 64 / 81 59 44
Email: info@wemediate.de
www.wemediate.de

Ethisches Selbstverständnis des Bundesverbandes Mediation e.V.

Quelle: www.bmev.de

Menschenbild

In jedem Menschen ist das Potential zum Umgang mit und zur Lösung eigener Konflikte vorhanden. Wir vertrauen in unsere und die Kompetenz der Parteien zur kreativen Gestaltung und Verständigung im Konflikt. Wir erkennen die Autonomie jedes Beteiligten an, respektieren die Einzigartigkeit eines jeden und gleichzeitig die Vielfalt der Unterschiede, in denen wir ein besonderes Potential sehen.

Verantwortung

Wir respektieren und fördern als MediatorInnen die Selbstverantwortlichkeit aller Beteiligten. Wir sind uns unserer Verantwortung für den geschützten Rahmen bewusst, der den Konfliktparteien das Sicheinlassen auf den Prozess der Lösungssuche ermöglicht, und ermutigen sie, die Verantwortung für den von ihnen eingebrachten Inhalt und die erarbeiteten Vereinbarungen zu übernehmen.

Geschützter Rahmen

Wir schaffen und wahren den geschützten Rahmen, der den Konfliktparteien ermöglicht, sich auf den Prozess der Lösungssuche einzulassen und Gewalt ausschließt.

Allparteilichkeit und Fairness

Wir nehmen die Bedürfnisse und Interessen aller Konfliktparteien mit gleichem Respekt wahr. Wir achten auf Machtunterschiede und geben jeder Partei die Zeit und die Aufforderung, ihre Sache vollständig darzustellen. Wir stellen sicher, dass jede Konfliktpartei sich ihrer eigenen Bedürfnisse und Wünsche klar werden kann.

Offenheit

Als MediatorInnen sind wir ruhig und aufmerksam und ermutigen die Streitparteien zu offener und direkter Aussprache, zu gegenseitiger Toleranz und Wertschätzung.

Einfühlung und Ermutigung der Konfliktparteien

Wir fühlen uns in die Konfliktparteien ein und achten das gesamte Spektrum der Gefühle aller Beteiligten. Wir fördern die gegenseitige Einfühlung der Konfliktparteien und ermutigen sie, ihren Konflikt gemeinsam auszutragen.

Vertraulichkeit und Vertrauen

Alles, was wir in der Mediation erfahren, behandeln wir respektvoll und vertraulich. Wir vereinbaren mit den Konfliktparteien, dass sie uns im Falle eines Gerichtsprozesses nicht als Zeugen für Tatsachen benennen werden, die uns im Verlauf des Mediationsverfahrens bekannt geworden sind. Durch unsere Integrität und Aufrichtigkeit stärken wir das Vertrauen der Konfliktparteien in das Verfahren der Mediation und die Erreichbarkeit einer Lösung für ihren Konflikt.

Freiwilligkeit

Wir gewährleisten die freiwillige Teilnahme aller Konfliktparteien an der Mediation, indem wir sie vollständig über das Verfahren der Mediation informieren und sie auf dessen Möglichkeiten und Grenzen hinweisen. Mit welchem Ergebnis und zu welchem Zeitpunkt sie den Mediationsprozess beenden wollen, bleibt ausschließlich den Konfliktparteien überlassen.

Eigenes Verhalten im Konflikt

Wir sind bereit, Kritik entgegenzunehmen und im eigenen Konflikt diesen in einer Mediation zu bearbeiten.

Professionalität

Wir verpflichten uns, durch sorgfältige Vorbereitung die Interessen der Konfliktparteien bestmöglich zu wahren. Wenn wir erkennen, dass eine parteiliche Beratung für die Konfliktparteien nötig wäre, weisen wir sie darauf hin und ermutigen sie, diese für sich in Anspruch zu nehmen. Erkennen wir, dass unsere Allparteilichkeit nicht mehr gewährleistet ist, verpflichten wir uns, diese unter Zuhilfenahme von professioneller Unterstützung wiederzugewinnen bzw. die Mediation an eine Kollegin/einen Kollegen weiterzuleiten.

Wir verpflichten uns zu regelmäßiger Selbstreflexion durch Supervision, Coaching oder kollegiale Beratung und bilden uns regelmäßig fort, um unsere Qualität zu sichern.

EUROPÄISCHER VERHALTENSCODEX FÜR MEDIATOREN

Quelle:
European Code of Conduct for Mediators, in englischer Version abgedruckt in ZKM 4/2004, S.148 und nachzulesen unter
http://europa.eu.int/comm/justice_home/ejn/news/news_adr_code_en.pdf
Hier zitiert nach der deutschen Übersetzung in: Mediationsreport 8/2004, S. 3

1. Kompetenz und Ernennung von Mediatoren

1.1 Zuständigkeit

Meditoren sind sachkundig und kompetent in der Mediation. Sie müssen eine einschlägige Ausbildung und kontinuierliche Fortbildung sowie Erfahrungen mit Mediationstätigkeiten auf der Grundlage einschlägiger Standards oder Zulassungsregelungen vorweisen.

1.2 Auftrag

Der Mediator vereinbart mit den Parteien geeignete Termine für das Mediationsverfahren.

Der Mediator vergewissert sich hinreichend, dass er die Voraussetzungen für die Mediationsaufgabe erfüllt und dass seine Kompetenz angemessen ist, bevor er den Auftrag annimmt, und stellt den Parteien auf ihren Wunsch hin Informationen zu seinem Hintergrund und seinen Erfahrungen zur Verfügung.

1.3 Bewerbung der Dienste des Mediators

Mediatoren können für ihre Tätigkeit auf professionelle, wahrheitsgemäße und angemessene Art und Weise werben.

2. Unabhängigkeit und Unparteilichkeit

2.1 Unabhängigkeit und Neutralität

Der Mediator darf seine Tätigkeit nicht wahrnehmen bzw., wenn er sie bereits aufgenommen hat, nicht fortsetzen, bevor er nicht alle Umstände, die seine Unabhängigkeit beeinträchtigen oder den Anschein eines Interessenkonfliktes erwecken könnten, offengelegt hat. Die Offenlegungspflicht besteht im Mediationsprozess zu jeder Zeit.

Solche Umstände sind

- eine persönliche oder geschäftliche Verbindung zu einer Partei,
- ein finanzielles oder sonstiges direktes oder indirektes Interesse am Ergebnis der Mediation oder
- eine anderweitige Tätigkeit des Mediators oder eines Mitarbeiters seiner Firma für eine der Parteien.

In solchen Fällen darf der Mediator die Mediationstätigkeit nur wahrnehmen bzw. fortsetzen, wenn er sicher ist, dass er die Aufgabe völlig unabhängig und objektiv durchführen kann, so dass die vollkommene Unparteilichkeit gewährleistet ist, und wenn die Parteien ausdrücklich zustimmen.

2.2 Unparteilichkeit

Der Mediator hat in seinem Handeln und Auftreten den Parteien gegenüber stets unparteiisch zu sein und ist gehalten, im Mediationsprozess allen Parteien gleichermaßen zu dienen.

3. Mediationsvereinbarung, Verfahren, Mediationsregelung und Vergütung

3.1 Verfahren

Der Mediator vergewissert sich, dass die Parteien des Mediationsverfahrens das Verfahren und die Aufgaben des Mediators und der beteiligten Parteien verstanden haben.

Der Mediator gewährleistet insbesondere, dass die Parteien vor Beginn des Mediationsverfahrens die Voraussetzungen und Bedingungen der Mediationsvereinbarung, darunter insbesondere die einschlägige Geheimhaltungsbestimmungen für den Mediator und die Parteien, verstanden und sich ausdrücklich damit einverstanden erklärt haben.

Die Mediationsvereinbarung wird auf Antrag der Parteien schriftlich niedergelegt.

Der Mediator leitet das Verfahren in angemessener Weise und berücksichtigt die jeweiligen Umstände des Falls, einschließlich einer ungleichen Machtverteilung und des Rechtsstaatsprinzips, eventueller Wünsche der Parteien und der Notwendigkeit einer raschen Streitbeilegung. Die Parteien können unter Bezugnahme auf vorhandene Regeln oder anderweitig mit dem Mediator das Verfahren vereinbaren, nach dem die Mediation vorgenommen werden soll.

Der Mediator kann die Parteien getrennt anhören, wenn er dies für nützlich erachtet.

3.2 Faires Verfahren

Der Mediator stellt sicher, dass alle Parteien in angemessener Weise in das Verfahren eingebunden sind.

Der Mediator kann das Mediationsverfahren gegebenenfalls beenden und hat die Parteien davon in Kenntnis zu setzen, wenn
– er aufgrund der Umstände und seiner einschlägigen Urteilsfähigkeit die vereinbarte Regelung für nicht durchsetzbar oder für vorschriftswidrig hält oder
– er der Meinung ist, dass eine Fortsetzung des Verfahrens aller Voraussicht nach nicht zu einer Regelung führen wird.

3.3 Ende des Verfahrens

Der Mediator ergreift alle erforderlichen Maßnahmen, um sicherzustellen, dass eine einvernehmliche Einigung der Parteien in voller Kenntnis der Sachlage erzielt wird und dass alle Parteien die Bedingungen der Regelungen verstehen.

Die Parteien können sich jederzeit aus dem Mediationsverfahren zurückziehen, ohne dies begründen zu müssen.

Der Mediator kann auf Antrag der Parteien im Rahmen seiner Kompetenz die Parteien darüber informieren, wie sie die Vereinbarung formulieren können und welche Voraussetzungen erfüllt sein müssen, damit sie vollstreckbar ist.

3.4 Vergütung

Soweit nicht bereits bekannt, gibt der Mediator den Parteien stets vollständige Auskünfte über die Kostenregelung, die er anzuwenden gedenkt. Er nimmt kein Mediationsverfahren an, bevor nicht die Grundsätze seiner Vergütung durch alle Beteiligten akzeptiert wurden.

4. Vertraulichkeit

Der Mediator wahrt die Vertraulichkeit aller Informationen aus dem Mediationsverfahren oder im Zusammenhang damit und hält die Tatsache geheim, dass die Mediation stattfinden soll oder stattgefunden hat, es sei denn, er ist gesetzlich oder aus Gründen der öffentlichen Ordnung zur Offenlegung gezwungen. Informationen, die eine der Parteien dem Mediator im Vertrauen mitgeteilt hat, dürfen nicht ohne Genehmigung an andere Parteien weitergegeben werden, es sei denn, es besteht eine gesetzliche Pflicht zur Weitergabe.

Nicht unser Fall

Grenzen der Mediation

So überraschend breit gefächert die Anwendungsbereiche des Mediationsverfahrens auch sind (vgl. S. 49), es ist kein Allheilmittel für alle nur denkbaren Konflikte. Bereits im 3. Kapitel (S. 33 ff.) haben wir wichtige Voraussetzungen genannt, ohne die ein Mediationsverfahren nicht denkbar erscheint:

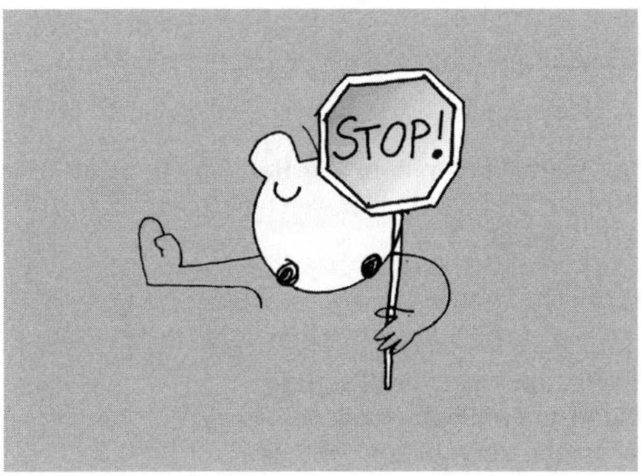

- die freiwillige Teilnahme aller Parteien
- die Allparteilichkeit der MediatorInnen
- die grundsätzliche Bereitschaft, den Konflikt lösen zu wollen
- die Kommunikationsfähigkeit der Parteien

Alle diese Punkte schränken die Anwendung des Mediationsverfahrens bereits erheblich ein.

Es gibt aber noch weitere ausgesprochene Kontraindikationen, deren sich angehende MediatorInnen bewusst sein sollten:

Straftatsbestände

Konflikte mit strafrechtlicher Relevanz sind nur bedingt mediierbar. Nicht nur bei Mord und Totschlag hat der Staat ein Interesse an der Verhängung von Sanktionen; bei unserer Gesetzeslage gehört die Strafverfolgung oft zur festgeschriebenen Pflicht der Staatsgewalt, was die friedliche Einigung von Konfliktparteien unmöglich macht oder erheblich erschwert.

Gute Erfahrungen werden allerdings seit den 80er Jahren mit dem Täter-Opfer-Ausgleich (TOA) gemacht. Dabei kann die Initiative vom Täter oder Geschädigten ausgehen (eher selten) oder von den Staatsanwaltschaften, Gerichten oder der Jugendgerichtshilfe (die Regel). In der Mediation werden die unterschiedlichen Sichtweisen des Vorfalls und die emotionale Situation der Beteiligten aufgearbeitet und konkrete Wiedergutmachung vereinbart. Die Staatsanwaltschaft kann dann das Verfahren unter Umständen einstellen oder die Leistungen des Täters strafmildernd berücksichtigen. Der TOA kann zu einer emotionalen Stabilisierung beider Seiten führen.

Häusliche Gewalt und Missbrauch

Gewalt in Familien und gegen Frauen in bestehenden Beziehungen lässt sich nach Meinung fast aller Experten nicht mediieren. Durch den durchlaufenen Beziehungsprozess sind die Opfer in der Regel zu schwach und angsterfüllt, um sich mit den Tätern an einen Tisch setzen zu können. Das gilt auch bei Gewalt gegen ältere oder psychisch sehr labile Personen. Gelegentlich wird versucht (vor allem wieder im TOA), solchen Opfern einen geschulten Beistand zur Seite zu stellen, der das Machtgefälle ausgleichen soll.

Mangelnde Autonomie der Parteien

Eine Mediation ist nicht durchführbar, wenn eine oder beide Parteien schwere Alkoholiker oder Drogenabhängige sind oder wenn eine psychische Erkrankung die Autonomie einer Partei ernsthaft in Frage stellt. In diesen Fällen ist die Fähigkeit der Konfliktbearbeitung, der Lösungsfindung und der Einhaltung von Vereinbarungen zu stark eingeschränkt.

Schon in weniger exponierten Fällen muss sich der Mediator oder die Mediatorin fragen, ob ein etwaiges Machtgefälle nicht zu groß ist, um vom Mediator ausgeglichen werden zu können. Als allparteiliche Instanz hat der Mediator nur einen sehr geringen Spielraum, um Machtunterschiede auszugleichen (vgl. Doppeln, S. 125 f., Einzelgespräche, S. 129 ff.).

Auch mangelnde emotionale Selbstkontrolle kann eine Mediation unmöglich machen. Weinkrämpfe oder Tobsuchtsanfälle können zum Abbruch einer

Mediation führen, ob sie aus unfreiwilligem Kontrollverlust heraus entstehen, oder ob sie gar bewusst manipulativ eingesetzt werden.

Klärung statt Konsens

Es gibt Fälle, in denen es wichtig ist, eindeutige Gewinner und Verlierer zu haben, z. B. um Grundsatzfragen zu klären: Sollen Frauen „Dienst an der Waffe“ leisten dürfen? Sollen Behinderte Zugang zu allgemeinbildenden Schulen haben? Soll Abtreibung erlaubt sein? – In solchen Fällen geht es um grundsätzlichen Klärungsbedarf, der mediativ kaum gelöst werden kann.

Überhaupt sind Grundwerte sehr „mediationsresistent“. Vor allem dort, wo Ideologien, politische Grundsätze oder religiöse Dogmen im Konflikt eine Rolle spielen, verspricht der konsensuale Weg der Mediation weniger Erfolg.

Ethische Grenzen

Mediation ist auf Fair Play ausgerichtet und nur bei entsprechender Bereitschaft zur Anerkennung fairer Lösungen möglich. Das bezieht dritte Seiten mit ein. So könnten sich zwei Streitparteien in einem Erbfall auf Kosten einer dritten, nicht anwesenden Person einigen; oder einer der Medianten könnte gesetzliche Regelungen ablehnen oder umgehen wollen; ein anderer wiederum könnte gezielt Unwahrheiten verbreiten oder Informationen zu seinem Vorteil zurückhalten: In allen diesen Fällen kann eine Mediation nicht erfolgreich sein. Da solche Verletzungen der Ethik oder der Moral vermutlich erst im Verlauf einer Mediation offenbar werden, bleibt als Handlungsoption nur der Abbruch des Verfahrens.

Eigene Grenzen der MediatorInnen

Es gibt auch Gründe gegen ein Mediationsverfahren, die in der Person des jeweiligen Mediators oder der Mediatorin liegen. Solche Gründe könnten sein:

- Eigener Wertekonflikt oder eigene Interessen, so dass die Allparteilichkeit nicht mehr gegeben ist
- Zu starke Vertrautheit mit einer Partei (auch in diesem Fall leidet die Neutralität unter dem Gefälle)
- Mangelndes Vertrauen einer Seite in den Mediator oder die Mediatorin
- Unzureichende Methodenkompetenz (z. B. Gruppenmediation, die ein hohes Maß an Moderationsfähigkeiten voraussetzt)
- Fehlende Erfahrung oder Feldkompetenz (z. B. interkulturelle oder politische Konflikte)
- Eigene persönliche Krise, die es dem Mediator oder der Mediatorin unmöglich erscheinen lässt, ein (vielleicht längeres) Mediationsverfahren durchzustehen
- Besondere Nähe eines Konfliktes zu eigenen Konflikten, die zu Befangenheit führt

In allen diesen Fällen wird man die Parteien natürlich an andere MediatorInnen verweisen.

Gerade aus dem letzten Abschnitt (eigene Grenzen) wird deutlich, dass die Entscheidung im Einzelfall oft nicht einfach ist: Gebe ich den Fall ab oder nicht? So verweise ich am Schluss noch einmal auf das so notwendige und hilfreiche Instrument der Supervision und kollegialen Vernetzung (vgl. S. 176), das uns MediatorInnen stark macht und manche Klippe umschiffen hilft.

Und bei allen äußeren und inneren Grenzen: Frieden zu stiften und Menschen zu helfen, gute Lösungen für ihre Konflikte zu finden, ist ein sinnhaftes, motivierendes Tun, das trotz der damit verbundenen Mühen Freude und tiefe Befriedigung schenkt.

Bücher von anderen

Literaturliste (Auswahl)

Mediation (deutsche oder übersetzte Titel)

Bähner Christian / Oboth Monika, Schmidt, Jörg: Praxisbox Konfliktklärung in Teams & Gruppen, Paderborn 2008

Besemer, Christoph: Mediation – Vermittlung in Konflikten, Freiburg 1993

Disselkamp, Marcus u.a.: Wirtschaftsmediation. Verhandeln in Konflikten, Frankfurt 2004

Duss-von Werdt, Josef: Mediation in Europa, Hagen 1999

Fisher, Roger/Ury, William: Das Harvard-Kozept, Frankfurt/M. 1988

Fisher, Roger/Brown, Scott: Gute Beziehungen, Frankfurt/M. 2002

Friedman, Gary J.: Die Scheidungsmediation, Hamburg 1996

Hagedorn, Ortrud: Konfliktlotsen, Leipzig 1996

Haynes, John M. u.a.: Mediation – Vom Konflikt zur Lösung, Stuttgart 2004

Kerntke, Wilfried: Mediation als Organisationsentwicklung, Bern 2004

Liebe, Frank: Interkulturelle Mediation – eine schwierige Vermittlung. Berghof-Report 2 / 1996

Metzger, Tilmann: Gemeinwesenmediation, in: „Perspektive Mediation“ 2004/1

Müller-Dietz, Heinz; Täter-Opfer-Ausgleich (TOA) in der Bundesrepublik Deutschland, Bewährungshilfe 1992, 153 ff.

Oboth, Monika / Seils, Gabriele: Mediation in Gruppen und Teams, Paderborn 2006

Rapp, Siegfried (Hg): Mediation – Konflikte anders lösen (Lesebuch Familienmediation), Ludwigsburg 2011

Roland Proksch, Geschichte der Mediation, in: Krabbe, H. (Hg.), Scheidung ohne Richter, Hamburg 1991

Strecker, Christoph: Versöhnliche Scheidung, München 2010

Trenczek, Thomas/Berning, Detlev/Lenz, Cristina: Mediation und Konfliktmanagement, Baden-Baden 2013
Walter, Henry: Mobbing – Kleinkrieg am Arbeitsplatz. Konflikte erkennen, offenlegen und lösen, Frankfurt/M. 1993
Zieher, Anita: Handbuch Umweltmediation, Wien 2001

Mediation (englische Titel)

Blanciac, Peter: Mediation – The Essence of Mediation, 2002 www.mediate.com/articles/blanciak.cfm
Bush, Robert B./Folger, Joe: The Promise of Mediation, San Francisco 1994
Henderson, S.: The Dispute Resolution Manual, Canberra 1993
Moore, Christopher W.: The Mediation Process, San Francisco 1986
Ross, M.H.: The Management of Conflict, Yale 1993

Kommunikation und mediative Grundhaltung

Cohn, Ruth C.: Lebendiges Lehren und Lernen. TZI macht Schule, Stuttgart 2001
Rogers, Carl R.: Die klientenzentrierte Gesprächsführung, München 1981
Rosenberg, Marshall B.: Gewaltfreie Kommunikation. Aufrichtig und einfühlsam miteinander sprechen, Paderborn 2001
Schulz von Thun, Friedemann: Miteinander reden Bde. 1-3, Hamburg 1981–1998
Thomann, Christoph / Schulz von Thun, Friedemann: Klärungshilfe – Handbuch für Therapeuten, Gesprächshelfer und Moderatoren in schwierigen Gesprächen, Reinbeck 1988
Watzke, Ed: Wahrscheinlich hat diese Geschichte gar nichts mit Ihnen zu tun. Geschichten, Metaphern, Sprüche in der Mediation, Godesberg 2008

Konflikttheorie

Beck, Reinhilde / Schwarz, Gotthart: Konfliktmanagement, Augsburg 2000
Bendrath, Ralf: Konflikttheorie, Friedenstheorie und Vergesellschaftung, Berlin 1995 (unveröffentlichte Hauptseminararbeit; Quelle: www.fu-berlin.de)
Dahrendorf, Ralf: Zu einer Theorie des sozialen Konfliktes, in: T. Bonacker (Hg.): Konflikttheorien, Opladen 1995
Glasl, Friedrich: Konfliktmanagement. Ein Handbuch für Führungskräfte und Berater, Bern / Stuttgart 1990
Höher, Peter / Höher, Friederike: Konfliktmanagement, Freiburg 2002
Luhmann, Niklas: Soziale Systeme. Grundriss einer allgemeinen Theorie, Frankfurt/M. 1987
Schwarz, Gerhard: Konfliktmanagement, Wiesbaden 1999
Simmel, Georg: Soziologie. Untersuchungen über die Formen der Vergesellschaftungen, Frankfurt/M. 1908 (!) / 1992

Moderieren

Hartmann, Martin / Rieger, Michael / Auert, Andreas: Zielgerichtet moderieren, ein Handbuch für Führungskräfte, Weinheim 2003
Klebert, Karin: Moderationsmethode, Hamburg 2002
Redlich, Alexander: Konfliktmoderation, Hamburg 2002
Schilling, Gert: Moderation von Gruppen, Berlin 2004
Werkstatt für Gewaltfreie Aktion Baden (Hrsg.): Konsens, Handbuch zur gewaltfreien Entscheidungsfindung, Karlsruhe 2004

Wort für Wort

Stichwortverzeichnis